京の祭と行事365日

写真 星野 佑佳

淡交社編集局 編

淡交社

本宮祭（伏見稲荷大社）

CONTENTS　もくじ

② February　二月｜如月

③ March 三月 | 弥生

④ April 四月 | 卯月

⑤ May 五月｜皐月

CONTENTS

 June 六月 | 水無月

 July 七月 | 文月

⑧ August 八月 | 葉月

CONTENTS

 September 九月 | 長月

10 October 十月 | 神無月

November 十一月 | 霜月

December 十二月 | 師走

本書は、毎日のように祭や行事がある京都で「いつ、何が、どこで」行われているかがすぐに調べられるデータブックです。

step **1**

まずはイベントカレンダーをチェック！

各月のはじめに、本書に掲載した祭と行事の開催日がわかるイベントカレンダーを掲載しています。毎年日付が決まっていないものも、想定される開催日を表記していますので、「行きたい！」と思ったその日の祭と行事が確認できます。

step **2**

基本データの見方

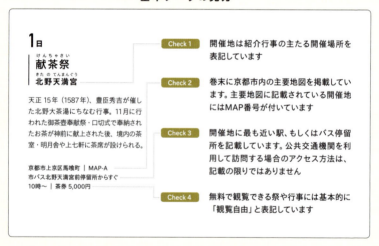

1日
けんちゃさい
献茶祭
きた の てんまんぐう
北野天満宮

天正15年（1587年）、豊臣秀吉が催した北野大茶湯にちなむ行事。11月に行われた御茶壺奉献祭・口切式で奉納されたお茶が神前に献上された後、境内の茶室・明月舎や上七軒に茶席が設けられる。

京都市上京区馬喰町｜MAP-A
市バス北野天満宮前停留所からすぐ
10時〜｜茶券 5,000円

Check 1 開催地は紹介行事の主たる開催場所を表記しています

Check 2 巻末に京都市内の主要地図を掲載しています。主要地図に記載されている開催地にはMAP番号が付いています

Check 3 開催地に最も近い駅、もしくはバス停留所を記載しています。公共交通機関を利用して訪問する場合のアクセス方法は、記載の限りではありません

Check 4 無料で観覧できる祭や行事には基本的に「観覧自由」と表記しています

本書は2017年11月現在の情報を記載しています。祭や行事の開催日・開催時間は変更されることがありますので、見学の際は必ず事前にご確認ください。

一月一睦月

EVENT CALENDER　イベントカレンダー

イベント	1	2	3	4	5	6	7	8	9	10	11	12	13	14	備考
白朮祭〈八坂神社〉	○														
謡曲始め〈下鴨神社〉	○														
若水祭〈日向大神宮〉	○														
皇服茶〈六波羅蜜寺〉	○→														
初詣〈伏見稲荷大社〉	○———————————————→														中旬
初詣〈平安神宮〉	○———————————————→														中旬
えんむすび初大国祭〈地主神社〉		○													
修正会〈来迎院〉		○													
筆始祭・天満書〈北野天満宮〉		○→													15日に近い日曜
修正会〈東寺〉			○												15日に近い日曜
修正会〈勝林院〉			○												15日に近い日曜
蹴鞠初め〈下鴨神社〉				○											
はじき始め〈北野天満宮〉					○										
大山祭〈伏見稲荷大社〉					○										
釿始式〈城南宮〉					○										
新年竟宴祭〈上賀茂神社〉					○										
白馬奏覧神事と若菜節句祭〈上賀茂神社〉							○								
若菜神事〈貴船神社〉							○								
若菜節句祭〈西院春日神社〉							○								
花街の始業式〈五花街〉							○········○								
古式御弓神事〈北白川天神宮〉															成人の日の前日
泉山七福神巡り〈泉涌寺〉															成人の日
左義長〈新熊野神社〉															第2月曜
十日ゑびす大祭〈恵美須神社〉								○——————→							
後七日御修法〈東寺〉								○———————————→							
寒中托鉢修行〈聖護院〉								○———————————→							
奉射祭〈伏見稲荷大社〉												○			
御棚会神事〈上賀茂神社〉														○	
法界寺裸踊り〈法界寺〉														○	
初庚申〈金剛寺〉		········初庚申の日········													

15 16 17 18 19 20 21 22 23 24 25 26 27 28 29 30 31

無病息災大根焚き〈法住寺〉
楊枝のお加持〈三十三間堂〉
大的大会〈三十三間堂〉

○ 左義長〈平岡八幡宮〉
○ 粥占神事〈雙栗神社〉
○ 御粥祭〈下鴨神社〉
○ 武射神事〈上賀茂神社〉
○ 御弓始〈藤森神社〉
○ 青山祭〈石清水八幡宮〉
○ 厄除大祭焼納神事〈石清水八幡宮〉
○ 湯立神楽〈城南宮〉
○ 御弓式〈八瀬天満宮社〉
○ 初弘法〈東寺〉
○ 念仏行脚〈西光寺・光明寺〉
初不動〈狸谷山不動院〉 ○

初寅の日とその前日、翌日 初寅大祭〈毘沙門堂〉

15 16 17 18 19 20 21 22 23 24 25 26 27 28 29 30 31

1日

白朮祭
（をけらさい）
八坂神社
（やさかじんじゃ）

元旦の午前5時に斎行される八坂神社新年最初の祭典。折敷13膳に削掛（けずりかけ）と乾燥させた白朮の根を混合して盛り、それに御神火を点じて御本殿正面から境内に向け投げ落とし、邪気を払う。

京都市東山区祇園町北側625 ｜ MAP-A
市バス祇園停留所からすぐ ｜ 5時〜 ｜ 観覧自由

1日

謡曲始め
下鴨神社
（ようきょくはじめ）
（しもがもじんじゃ）

元旦の下鴨神社では、午前6時より行われる歳旦祭で見ることができるのが謡曲始め。夜明け前の静寂があたりを包む中、橋殿にて河村家による謡と仕舞が粛々と奉納される。

京都市左京区下鴨泉川町59 ｜ MAP-A
市バス下鴨神社前停留所からすぐ ｜ 6時～
観覧自由

1日
若水祭
わかみずさい
日向大神宮
ひむかいだいじんぐう

元日の朝に汲む水は「若水」と呼ばれ、縁起がよいとされている。日向大神宮では三が日のあいだ、大きな水がめに入った若水を授与。参拝客は若水を飲んで一年の除災招福を祈願する。

京都市山科区日ノ岡一切経谷町29 ｜ MAP-A
地下鉄東西線蹴上駅から徒歩15分 ｜ 3時～
観覧自由

1日～3日
皇服茶
おうぶくちゃ
六波羅蜜寺
ろくはらみつじ

都で疫病が蔓延した際、とある僧が病人に茶を施すと病が治癒したという逸話から、京都では元旦に小梅と結び昆布を入れた「大福茶（皇服茶）」を飲む風習がある。六波羅蜜寺でも初詣に訪れた参拝客は皇服茶を飲んで一年の健康を祈願する。

京都市東山区五条通大和大路上ル東
MAP-A ｜ 市バス清水道停留所から徒歩7分
9時～16時30分 ｜ 皇服茶 300円

1日〜中旬

<small>は つ もうで</small>
初詣
<small>ふし み いな り たいしゃ</small>
伏見稲荷大社

全国に三万社あるといわれる「お稲荷さん」の総本宮・伏見稲荷大社には、年明けから数え切れないほどの参拝者が訪れ、それが京都の正月の風物詩でもある。商売繁昌や五穀豊穣をはじめ、安産、万病平癒、学業成就などの御利益があるとされる。

京都市伏見区深草藪之内町68 ｜ MAP-B
JR奈良線稲荷駅からすぐ ｜ 1日〜3日 終日開所、
4日以降 7時〜18時 ｜ 参拝自由

1日〜中旬

<ruby>初詣<rt>はつもうで</rt></ruby>
<ruby>平安神宮<rt>へいあんじんぐう</rt></ruby>

大晦日から元旦にかけては終夜開門し、境内すべての灯籠に火が灯ると、闇夜に神殿が浮かび上がる平安神宮。開運招福、商売繁盛、厄除け、縁結び、学業成就などのご利益があるとされ、広大な境内を埋め尽くすほどの初詣客が訪れる。元日の朝には巫女による舞の奉納、昼には初能の奉納が行われる。

京都市左京区岡崎西天王町 ｜ MAP-A
市バス岡崎公園 美術館・平安神宮前停留所から徒歩5分 ｜ 1月は6時〜17時 (1日 前日終夜〜20時、2日・3日〜19時30分、4・5日 〜17時30分)
観覧自由

2日

えんむすび初大国祭
(はつだいこくさい)

地主神社
(じしゅじんじゃ)

元旦より、新年の縁結び開運招福を願い、地主神社につめかける参拝者のために執り行われる祭。縄文時代より伝わる石笛を奏して神霊を呼び、厄除け開運お祓いのあと、縁結び良縁達成の祝詞を読み上げる。参加者には「開運こづち」が無料授与される。

京都市東山区清水1-317 ｜ MAP-A
市バス五条坂停留所から徒歩10分
終日 ｜ 観覧自由（清水寺拝観料は別途）

2日

しゅしょう え
修正会
らいごういん
来迎院

左京区・大原にある来迎院では2日、天下
泰平・国家安泰を祈願する修正会が行わ
れる。衆僧が本堂に集まり声明を唱える中
で営まれる、別名・三十三度と呼ばれる厄
除け儀式が特徴。太鼓、鉦に合わせ、村
の若衆が手に持った柳の木、竹のささらで
堂内の床を叩き、けたたましく横びしな
がら三度まわる光景は印象深い。

京都市左京区大原来迎院町537 ｜ MAP-E
京都バス大原停留所から徒歩約15分
15時30分〜 ｜ 拝観料 400円

2日〜4日

筆始祭・天満書
<small>ふではじめさい　てんまがき</small>

北野天満宮
<small>きた の てんまんぐう</small>

天満書とは菅原道真公の神前で行われる
書初めを指し、古くから書道の上達を願う
人々によって行われてきた行事。絵馬所で
は真剣に筆をとる参拝者の姿が見られるほ
か、参道には露店が立ち並び、期間中の境
内は初詣に訪れる人々で賑わう。3日には
狂言の奉納もある。

京都市上京区馬喰町 ｜ MAP-A
市バス北野天満宮前停留所からすぐ
筆始祭 2日9時〜、天満書 連日10時〜16時
観覧自由

3日

修正会
(しゅしょう え)
東寺
(とう じ)

例年、御影堂で行われる修正会は、牛玉宝印（ごおうほういん＝おふなごう）の朱印をお堂のすべての柱、そして法要中の僧侶の額にも押し、厄を払う。その後、参拝者には牛王宝印を半紙に押した札が授与され、また額に押してもらうこともできる。3日が御影堂、28日には講堂で授与される。

京都市南区九条町1｜MAP-B｜近鉄京都線近鉄東寺駅から徒歩10分｜3日13時〜、28日10時〜観覧自由（供養料500円）

3日

修正会
(しゅしょう え)
勝林院
(しょうりんいん)

京都大原の地で長和2年（1013年）開山と伝わる古刹・勝林院の修正会は15時から開催される。大原で伝承されている天台声明は、魚山（ぎょざん）声明とも呼ばれ、勝林院はその聖地として知られる。周辺寺院の住職が集まって声明を唱えるほか、途中「魔おとし」「三十三度」と呼ばれる厄除け儀式があり、村の青年たちが床を叩きながら踊る。

京都市左京区大原勝林院町187｜MAP-E
京都バス大原停留所から徒歩13分
15時〜｜観覧自由

4日

蹴鞠初め
下鴨神社

日本で独自の発展を遂げて現在に受け継がれた蹴鞠。まずは松の枝にこよりで鞠を結び付けた枝鞠が神前に奉納され、続いて解鞠の作法が行われる。鞠が枝から解かれ、鞠の試し蹴りである小鞠を終えると、いよいよ蹴鞠が始まる。蹴鞠に求められるのは勝敗ではなく、より長く、より麗しく鞠を蹴り続けること。新年を迎えた下鴨神社に、人々の歓声が響き渡る。

京都市左京区下鴨泉川町59 ｜ MAP-A
市バス下鴨神社前停留所からすぐ
13時30分〜 ｜ 観覧自由

5日

はじき始め
きた の てんまんぐう
北野天満宮

学問の神様・菅原道真公を祀る北野天満宮で行われる、毎年恒例の行事。新年に珠算の上達を祈願し、府内の珠算教室に通う子どもたちが国内最大級の長そろばんに挑戦する。珠算検定十段が3桁の暗算を瞬時に行う「フラッシュ暗算」の披露も見所。

京都市上京区馬喰町 | MAP-A | 市バス北野天満宮前停留所からすぐ | 10時～ | 観覧自由

5日

おおやまさい
大山祭
ふしみいなりたいしゃ
伏見稲荷大社

稲荷山三ヶ峰の北背後にある御膳谷では、かつて御饌石と呼ばれる霊石の上に神饌を供えたとの故事に基づいて斎行されるのが大山祭。五穀豊穣と家業繁栄を祈り、宮司と祭員は若返りの象徴とされるシダ植物・ヒカゲノカズラを首にかけ、七神蹟を参拝して巡る。

京都市伏見区深草藪之内町68 | MAP-B
JR奈良線稲荷駅からすぐ | 12時〜 | 参拝自由

5日

ちょうなはじめしき
釿始式
じょうなんぐう
城南宮

5日正午、方除・建築工事の守護神として崇められる城南宮の神楽殿表舞台で行われる行事。一年の仕事安全と会社事業の繁栄を祈念し、建築工事の初めに安全を祈願して行われる釿始式が、古式に則って年頭に斎行される。

京都市伏見区中島鳥羽離宮町7 | MAP-B
地下鉄烏丸線・近鉄京都線竹田駅から徒歩15分 | 12時〜 | 観覧自由

5日

<small>しんねんきょうえんさい</small>
新年竟宴祭
<small>かみ が も じんじゃ</small>
上賀茂神社

新年の祭事の締めくくりとして饗宴の儀が
行われる。鎌倉時代から伝承されてきた祭
礼で、諸神事がとどこおりなく終わったこ
とを祭神に報告し、饗（あえ）を供えると
ともに、橋殿では平安雅楽会により舞楽が
奉納される。

京都市北区上賀茂本山339 ｜ MAP-A
市バス上賀茂神社前停留所からすぐ
16時30分〜 ｜ 観覧自由

7日

はく ば そう らん じん じ　　　わか な せっ く さい
白馬奏覧神事と若菜節句祭
かみ が も じんじゃ
上賀茂神社

年の始めに白馬（あおうま）を見ると一年
の邪気が祓われるという宮中行事・白馬節
会に由来する行事。七草粥を供えた神前へ
と神馬を曳き、大豆を与える儀式が行われ
る。また厄除けを願い、七草粥の接待(有料)
も行われる。

京都市北区上賀茂本山339 ｜ MAP-A
市バス上賀茂神社前停留所からすぐ
10時〜 ｜ 観覧自由

7日

若菜神事
（わかなしんじ）

貴船神社
（きふねじんじゃ）

貴船神社の若菜神事では、特別に七草を浸した御神水を用いる。七草の水で手を清めてから爪を切ることによって無病息災・流行病除けになるという習俗に倣い、神事に先立ち執り行う「手水の儀」は、神殿に進む直前に行う。神事の最後に執り行う直会（なおらい）の儀にて、参列者は神前からお下げした七草粥を神職らとともにいただくことができる。

京都市左京区鞍馬貴船町180 ｜ MAP-E
京都バス貴船停留所から徒歩5分
11時〜 ｜ 観覧自由

7日

若菜節句祭
西院春日神社

若菜粥を食べると一年を健康に過ごせると伝わるこの日、西院春日神社では本殿で神事が執り行われ、参拝客には若菜粥がふるまわれる。またこの日に白馬を見ると幸せになれるという言い伝えから、白馬（あおうま）飾りも公開される。

京都市右京区西院春日町61 ｜ MAP-A
阪急京都線西院駅から徒歩3分
10時〜 ｜ 観覧自由、若菜粥 300円

7日・9日

花街の始業式
五花街

京都五花街のうち「祇園甲部」「祇園東」「宮川町」「先斗町」は7日に、「上七軒」は9日に行われる始業式。この日は、花街の関係者、お茶屋、置屋（おきや）の女将方も一堂に集まり、主役の芸妓・舞妓たちは黒紋付に「稲穂」のかんざしの正装で出席する。この式では前年の売上成績の良いお茶屋や芸舞妓の表彰式も行われ、締めに新年を寿ぐ舞が奉納される。

京都市の各花街 ｜ MAP-C
開催時間は各花街により異なる

成 人の日の前日

古式御弓神事
（こしきおゆみしんじ）

北白川天神宮
（きたしらかわてんしんぐう）

北白川天神宮で創祀以来行われてきたと伝わる神事。弓矢を持った行列が御幣を先頭に太鼓を打ち鳴らして本殿前の射場に向かい、神事の後に矢を射る。弓取の作法は代々受け継がれた独自のもので、一の矢をその年の恵方に、二の矢をその反対へ、三の矢を悪神に見立てた的に打ち込み、悪疫退散と一年の無事を祈願する。後に祝言、謡曲があり、席を変えて、おまと汁と呼ばれる縁起物の汁がふるまわれる。

京都市左京区北白川仕伏町42 ｜ MAP-A
市バス北白川別当町停留所から徒歩8分
11時～ ｜ 観覧自由

成人の日

泉山七福神巡り
泉涌寺

泉山七福神巡りは昭和26年より毎年
成人の日に行われる新春恒例の行事。
一番目の即成院にて授与される福笹
を持って、縁起物を福笹につけながら
泉涌寺道沿いの塔頭を順に参拝して
いく。また、七福神巡りの御朱印を目
当てにまわる参拝者も少なくない。

京都市東山区泉涌寺山内町27 ｜ MAP-B
JR奈良線・京阪本線東福寺駅から徒歩20分
8時〜16時 ｜ 観覧自由

第2月曜

左義長
新熊野神社

左義長は、平安時代の宮中行事に起源を
持つといわれる神事。新熊野神社では、長
さ約5mの青竹3本を束ね、門松や注連
縄飾りなどを合わせて櫓（やぐら）を組み、
焚き上げる。櫓は5m近くになり、最後は
恵方に倒される。かつてはその炎の高さな
どで一年の吉凶を占ったといわれる。

京都市東山区今熊野椥ノ森町42 ｜ MAP-B
市バス今熊野停留所から徒歩3分
11時〜 ｜ 観覧自由

8日〜12日

十日ゑびす大祭
(とおか)　　　　　　　　(たいさい)

恵美須神社
(え び す じんじゃ)

5日間にわたって行われるこの祭は「初ゑびす」の通称でも知られる。「商売繁昌で笹もってこい」というゑびすばやしの勇ましい掛け声とともに、宝恵かごに乗った東映太秦映画村の女優が社参し、境内を賑わわせる。そして市内の商店などへと吉兆笹が配られ、商売繁昌を盛大に祈願する。10日の女優による福笹授与、11日の残り福祭での舞妓による福笹と福餅授与など、京都ならではの祭りの風景が楽しめる。

京都市東山区大和大路通四条下ル小松町125
MAP-A ｜ 京阪本線祇園四条駅から徒歩6分
8日 9時〜23時、9日 9時〜終夜、10日 11時〜終夜、
11日 14時〜24時、12日 9時〜22時 ｜ 観覧自由

8日〜14日

後七日御修法
ごしちにちみしほ

| 東寺
とうじ

御修法は弘法大師が承和2年（835年）に宮中で始めた国家安泰を祈願する修法。真言宗の総本山や大本山から100人を超える僧侶が東寺に集まり、1月8日から14日まで行われる法要。灌頂院で営まれ、秘法のため見ることはできないが、上堂と退堂の行列を見物することができる。

京都市南区九条1 ｜ MAP-B ｜ 近鉄京都線近鉄東寺駅から徒歩10分 ｜ 観覧自由（金堂・講堂は500円）

8日〜14日

寒中托鉢修行
かんちゅうたくはつしゅぎょう

| 聖護院
しょうごいん

本山修験宗の総本山である聖護院。山で修行を行わない冬にも心身を鍛錬するため、山伏装束に身を包んだ修験者が、全国から集まる。法螺貝（ほらがい）の音を合図に総勢約100名の修験者が街へと出発し、7日間かけて市内にある約6000軒の家々を回る。

京都市左京区聖護院中町15 ｜ MAP-A
市バス熊野神社前停留所から徒歩3分
12時〜 ｜ 観覧自由

12日

ほうしゃさい
奉射祭
ふし み いな り たいしゃ
伏見稲荷大社

京都随一のスケールを誇るお弓始め
の儀。まずは祭場を清めるため、四方
天地に矢が放たれ、続いて約20m先
の大的を狙って2人の射手が矢を射
る奉射の儀が行われる。今年の五穀
の豊凶を占うという意味もあり、農耕
に所縁の深い同社にとって重要な儀
式のひとつ。

京都市伏見区深草藪之内町68 ｜ MAP-B
JR奈良線稲荷駅からすぐ ｜ 14時〜
参拝自由

14日

み た な え じんじ
御棚会神事
かみ が も じんじゃ
上賀茂神社

古来上賀茂神社の神領であった賀茂
六郷より、それぞれ御棚に私幣と魚
類の神饌を奉った神事が起源で、現
在では神社にて調製し、一台のみを
献上する。

京都市北区上賀茂本山339 ｜ MAP-A
市バス上賀茂神社前停留所からすぐ
14時〜 ｜ 観覧自由

14日

<ruby>法界寺<rt>ほうかいじ</rt></ruby> <ruby>裸踊り<rt>はだかおどり</rt></ruby>

<ruby>法界寺<rt>ほうかいじ</rt></ruby>

法界寺で元旦より営まれる修正会法要の結
願日にあたる14日夜、精進潔斎した少年、
青壮年の信徒がふんどしひとつの裸となり、
井戸水をかぶって水垢離をした後、激しく
もみ合う裸踊りが行われる。頭上高くで両
手を打ち鳴らしながら、「頂礼、頂礼」と
大声で連呼して踊ると、境内は寒夜を吹き
飛ばすような熱気に包まれる。

京都市伏見区日野西大道町19 ｜ 地下鉄東西線
石田駅から徒歩20分 ｜ 19時30分～ ｜ 観覧自由

15日に近い日曜

無病息災大根焚き
（む びょうそく さいだいこん だ）
法住寺
（ほうじゅうじ）

一年の無病息災を願って行われる新春の恒例行事。大釜で大根が焚き上げられ、参拝者に配られるほか、一年の無病息災を祈って10時、正午、14時に行われる護摩供、牛王宝印の御加持などもある。

京都市東山区三十三間堂廻り町655
MAP-B ｜ 市バス博物館三十三間堂前停留所から ｜ 徒歩5分 ｜ 9時〜 ｜ 大根焚き1,000円（護摩木1本付）

15日に近い日曜

楊枝のお加持
（やなぎ かじ）
三十三間堂
（さんじゅうさんげんどう）

インド伝来の修法で、平安時代からの伝統をもつという最重の法要。儀式は聖樹とされる「楊枝・やなぎ」で、観音さまに祈願した法水を参拝者に注いで、諸病を除くというもので、特に頭痛に効くと伝えられる。

京都市東山区三十三間堂廻り町657 ｜ MAP-B
市バス博物館三十三間堂前停留所からすぐ
9時〜15時30分 ｜ 観覧自由（通常は拝観料600円）

15日に近い日曜

大的大会
三十三間堂

<small>おおまとたいかい</small>
<small>さんじゅうさんげんどう</small>

江戸時代、各藩の弓術家が本堂西の軒下（長さ約120m）の南端から北端の的を狙い、射通した矢数を競った。それに因み、「通し矢」とも呼ばれる当行事は、全国から約2000人が参加し、楊枝のお加持と同日に行われる。射手はその年に成人を迎える弓道の有段者と称号者たちで、晴れ着をまとった新成人が境内を華やかに彩る。

京都市東山区三十三間堂廻り町657 ｜ MAP-B
市バス博物館三十三間堂前停留所からすぐ
9時〜15時30分 ｜ 観覧自由（通常は拝観料 600円）

15日

左義長
平岡八幡宮

「花の天井」で知られる平岡八幡宮の新春恒例行事で、とんど祭の名でよく知られている。注連縄や門松を燃やし、正月の間に迎えていた歳神をお送りするための祭事で、参拝者は神前に供えられていた鏡餅を焼いた左義長餅を食べて無病息災を願う。

京都市右京区梅ケ畑宮ノ口町23 ｜ MAP-D
市バス平岡八幡宮前停留所から徒歩3分
9時〜13時頃 ｜ 観覧自由

15日

粥占神事
かゆうらしんじ
雙栗神社
さぐりじんじゃ

江戸時代から続くとされる伝統の粥占
神事。天候の予測がつかなかった昔、
占いの結果が農民たちの生活指針と
なったと伝わる。小豆粥を炊く大釜に
早稲（わせ）、中稲（なかて）、晩稲（お
くて）、綿、大豆、イモ、キビ、梨の8
種類の作物の札をつけた竹筒を入れ、
筒内部の粥の入り具合からそれぞれ農
作物の豊凶や今年の天候を判定する。

久世郡久御山町佐山双栗55 ｜ 京阪バス久御山
団地口停留所から徒歩5分 ｜ 0時〜 ｜ 観覧自由

15日

御粥祭
おかゆさい
下鴨神社
しもがもじんじゃ

小正月に行われる行事で、五穀豊穣、
国民の安泰を願い、祈願する。御手
洗社で神事が行われ、続いて本殿で
御粥祭が行われる。神事が終わると、
楼門前で小豆粥の接待（有料）がある。

京都市左京区下鴨泉川町59 ｜ MAP-A
市バス下鴨神社前停留所からすぐ ｜ 11時頃〜
観覧自由、御粥300円

16日

武射神事
むしゃじんじ

上賀茂神社
かみがもじんじゃ

幣殿（へいでん）前の芝生に長さ約40mの射場が設けられ、狩衣、烏帽子姿の神職たちが的を射て、悪鬼祓除を行い、その年の息災を祈願する伝統行事。蟇目（ひきめ）式による祓えの神事のあと、宮司以下神職が裏に「鬼」の字を描いた大的に2本ずつ矢を放って邪気を払う。その後、小笠原流近畿菱友会による大的式または百手式の奉納がある。

京都市北区上賀茂本山339 ｜ MAP-A ｜ 市バス上賀茂神社前停留所からすぐ ｜ 10時30分〜 観覧自由

16日

御弓始
<small>おゆみはじめ</small>
藤森神社
<small>ふじのもりじんじゃ</small>

平安遷都以前より祀られている古社・藤森神社で行われる弓始めの儀。神職と氏子代表が「鬼」という字を3つ書いた的を射て世の中の悪鬼を祓い、一年の平穏を祈願する。

京都市伏見区深草鳥居崎町609 ｜ MAP-B
JR奈良線藤森駅から徒歩5分 ｜ 15時30分〜
観覧自由

18日

青山祭
<small>あおやまさい</small>
石清水八幡宮
<small>いわしみずはちまんぐう</small>

明治以前は「道饗祭（みちあえのまつり）」「疫神祭（えきじんさい）」ともいわれた。男山山麓の頓宮殿の前庭に青柴垣で囲いを作り祭場を設け、日没とともに道を司る神々を迎えた。かがり火がゆらめくなか、国家安泰・厄除開運の祈願祭を斎行する。

八幡市八幡高坊30 ｜ 京阪本線八幡市駅から徒歩5分 ｜ 17時〜 ｜ 観覧自由

19日

厄除大祭焼納神事
やくよけたいさいしょうのうしんじ

石清水八幡宮
いわしみずはちまんぐう

厄除開運の神社として知られる石清水八幡宮の中で、特に1月15日から19日は厄除大祭期間として多くの参拝者を集める。古くは「法会」と呼ばれ、厄除開運祈願者には「厄除大祭札」が授与される。また、最終日の焼納神事では前年の古いおふだ・お守りが焚き上げられるほか、その浄炎に清められた「厄除開運餅」が数量限定でふるまわれる。

八幡市八幡高坊30 ｜ 男山ケーブル男山山上駅から徒歩5分 ｜ 10時〜 ｜ 観覧自由

20日

湯立神楽
(ゆたてかぐら)
城南宮
(じょうなんぐう)

本殿前の特設斎場に設えられた大釜は、城南宮の神水・菊水若水で満たされ、火にかけられている。諸儀に続き、たすき掛けの巫女が大釜を清め、笹の束を釜のなかへ浸して勢いよく湯を散らす。この湯滴に触れると無病息災で過ごすことができるといわれ、周囲には多くの人が集まる。祭事に用いられた笹（有料）も人気で、参拝者は競うようにして持ち帰る。

京都市伏見区中島鳥羽離宮町7 ｜ MAP-B
地下鉄烏丸線・近鉄京都線竹田駅から徒歩15分
14時〜 ｜ 観覧自由

20日

御弓式
<small>お　ゆ　み　しき</small>

八瀬天満宮社
<small>や　せ　てんまんぐうしゃ</small>

比叡山の山麓に鎮座する八瀬天満宮社では、地域の人々に守られてきた弓始めの神事が行われる。八瀬童子（かつて比叡山延暦寺の雑役などを務め、天皇の輿を担ぐこともあった村落共同体の人々で、鬼の子孫とされる）が見守る中、神職が各方の天と地に矢を打ち込み周囲を清めた後、本弓で大的を射て鬼をとらえると、的を地面に倒して踏み、邪気を封じる。

京都市左京区八瀬秋元町639 ｜ MAP-E ｜ 京都バスふるさと前停留所から徒歩2分 ｜ 10時〜観覧自由

21日

初弘法
（はつこうぼう）

東寺
（とうじ）

毎月21日に東寺で行われる「弘法さん」のなかでも、その年初めての弘法市は初弘法と呼ばれる。植木、骨董品、衣類などを扱う露店が1000店以上並び、賑わう。

京都市南区九条町1 ｜ MAP-B ｜ 近鉄京都線近鉄東寺駅から徒歩10分 ｜ 8時〜16時 観覧自由（金堂・講堂は500円）

24日

念仏行脚
（ねんぶつあんぎゃ）

西光寺・光明寺
（さいこうじ）（こうみょうじ）

念仏を唱えれば誰でも往生できると説いた法然上人に多くの民衆が救いを求めるも、それに危機感を抱いた他教団から弾圧を受けた浄土宗。墨染めの衣と灰色の袈裟で生涯を過した法然上人にならい、黒衣をまとった僧たちが西光寺から長岡京市の光明寺までの約15kmの道のりを歩く「念仏行脚」は、教えを守り続けてきた先人たちの艱難辛苦を心に刻む行事。

西光寺 京都市右京区太秦多藪町30 ｜ MAP-D
市バス・京都バス太秦開町停留所から徒歩5分
光明寺 長岡京市粟生西条ノ内26-1 ｜ 阪急バス旭が丘ホーム前停留所から徒歩3分 ｜ 17時〜 ｜ 観覧自由

28日

初不動
<small>はつふどう</small>

狸谷山不動院
<small>たぬきだにさん ふどういん</small>

一切の災厄を祓うとされる不動明王を祀る、狸谷山不動院。一年最初の不動明王との縁日となる28日は初不動と呼ばれ、厄難除けの大護摩供養のほか、ガン封じのご利益がある笹酒の無料接待、なで御幣の授与なども行われる。

京都市左京区一乗寺松原町6 ｜ MAP-A
市バス一乗寺下り松町停留所から徒歩15分
笹酒接待 9時～16時、大護摩供養 11時～
入山料 500円

初 寅の日とその前日、翌日

初寅大祭
（はつとらたいさい）
毘沙門堂
（びしゃもんどう）

毘沙門天が寅年、寅の月、寅の日、寅の刻に出現したという縁日に由来する行事。当日は家内安全や商売繁盛を願う護摩供が行われるほか、魔除けの福笹や甘酒の接待が行われ、多くの参拝客が訪れる。

京都市山科区安朱稲荷山町18 ｜ 地下鉄東西線・JR東海道本線山科駅から徒歩20分 ｜ 11時〜 観覧自由

初 庚申の日

初庚申
（はつこうしん）
金剛寺（八坂庚申堂）
（こんごうじ）（やさかこうしんどう）

初庚申は毎年新年最初の庚申の日に行われる祭礼。護摩木を焚き上げ、祈願成就を願う庚申護摩供が行われるほか、人形に病名を書き、コンニャクに貼り付けて厄払いをするこんにゃく封じの祈祷も行われる。またこんにゃく焚きの接待もあり、「くくり猿」の形にくり抜かれたコンニャクを北を向いて無言で３つ食べると、無病息災で過ごせるという。

京都市東山区金園町390−1 ｜ MAP-A
市バス清水道停留所から徒歩5分 ｜ 法要11時〜、15時〜、20時〜 ｜ 観覧自由

① January

ANOTHER EVENT　1月 その他の行事

1日	日の出一番大護摩法要	狸谷山不動院
1日	新歳国祷会	妙満寺
1日〜3日	祓神楽	城南宮
1日〜3日	新年年頭法要	萬福寺
1日〜31日	都七福神めぐり	京都市、宇治市の7社寺
5日	初あがた祭	縣神社
5日	新春八千枚大護摩供	赤山禅院
8日	明恵上人生誕会	高山寺
10日	初金比羅祭	安井金比羅宮
15日〜31日	小豆粥で新春を祝う会	東林院
17日	百丈忌	萬福寺
19日	疫神社祭	八坂神社
24日・25日	不断念佛会	知恩寺
25日	法然上人御祥当法要	知恩院

etc.

EVENT CALENDER　イベントカレンダー

	1	2	3	4	5	6	7	8	9	10	11	12

鬼やらい神事〈石清水八幡宮〉 …… 節分直前の日曜

強運節分会〈千本ゑんま堂引接寺〉 ○→

節分祭〈須賀神社〉 ○→

節分会厄除大法会〈壬生寺〉 ○──→

節分祭〈吉田神社〉 ○──→

節分会〈千本釈迦堂大報恩寺〉 ○

節分会〈法住寺〉 ○

おばけ〈五花街〉 ○

節分厄除大祭〈日向大神宮〉 ○

節分会追儺式〈六波羅蜜寺〉 ○

節分祭〈藤森神社〉 ○

追儺式鬼法楽〈廬山寺〉 ○

節分祭〈松尾大社〉 ○

節分祭〈下鴨神社〉 ○

女人厄除祭〈市比賣神社〉 …… 節分に近い日曜

初午大祭〈伏見稲荷大社〉 …… 初午の日

初午祭〈妙雲院菊神稲荷神社〉 …… 初午の日

幸せを呼ぶ初午大根焚き〈三千院〉 …… 初午の日を含む4日間

世継地蔵尊功徳日大祭〈上徳寺〉 ○

針供養〈法輪寺〉 ○

二講〈山科区小山〉 ○

紀元祭〈上賀茂神社〉 ○

城南宮七草粥の日〈城南宮〉 ○

甘酒祭〈梅宮大社〉 ○

阿含の星まつり〈阿含宗本山境内地〉 ○

鬼除弓神事〈小倉神社〉 ○

つるぎ御弓始祭〈劍神社〉 ○

	1	2	3	4	5	6	7	8	9	10	11	12	13	14

13 14 15 16 17 18 19 20 21 22 23 24 25 26 27 28 29

○ 加持大祭〈松ヶ崎大黒天〉

五大力尊仁王会〈醍醐寺〉○

幸在祭〈上賀茂神社〉○

梅花祭〈北野天満宮〉○

御湯式〈八瀬天満宮社〉○

星まつり〈三千院〉○

御弓始神事〈御香宮神社〉

中卯の日

燃灯祭〈上賀茂神社〉

第2子の日

15 16 17 18 19 20 21 22 23 24 25 26 27 28 29

節 分直前の日曜

鬼やらい神事
石清水八幡宮

疫病を追い払う儀式として始められた節分行事・鬼やらい神事。石清水八幡宮では、宮中に伝わる古式に則って行われる。先ず「鬼やらい人」が邪気祓いの桃の枝で作られた弓で四方を射て、次に同じく桃の枝で作られた剣で「鬼やろう」の掛け声とともに四方を打つ。その後、鬼やらい人とともに年男・年女が「鬼やろう」の掛け声とともに豆を撒き鬼を退散させ、鬼が転げて逃げたあとには参拝者に節分豆がふるまわれる。

八幡市八幡高坊30 ｜ 男山ケーブル男山山上駅から徒歩5分 ｜ 13時〜、14時〜 ｜ 観覧自由

2日・3日

強運節分会
千本ゑんま堂引接寺

千本ゑんま堂の節分祭は、強運節分会と呼ばれ親しまれる初春の風物詩。ゑんま堂大念仏狂言の奉納のほか、1年間の強運を願う「だるま供養」が行われ、「起き上がりだるま」や開運のご利益がある「金上がり達磨」が授与される。また、「来ん厄」の言葉に因んで「厄除けこんにゃく煮き」の接待（有料）がある。

京都市上京区千本通蘆山寺上ル閻魔前町34
MAP-A ｜ 市バス千本鞍馬口停留所から徒歩2分
9時〜20時（狂言奉納 3日19時〜） ｜ 観覧自由

2日・3日

節分祭
須賀神社

平安時代初期創建の古社・須賀神社の節分祭では、烏帽子に水干姿、布で顔を隠した懸想文売り（けそうぶみうり）が梅の枝を担ぎ、境内で「懸想文（恋文）」を売り歩く。鏡台やタンスの引き出しに入れると良縁に恵まれ、より美しく、また衣装持ちになれるとされる。また、翁媼の豆撒きがあるのも特徴。

京都市左京区聖護院円頓美町1 ｜ MAP-A
市バス熊野神社前停留所から徒歩5分 ｜ 9時〜20時 ｜ 観覧自由

2日〜4日

節分会厄除大法会
壬生寺

節分祭が盛んな京都の中でも、2月3日に
上演される壬生大念仏狂言「節分」が有
名な壬生寺の節分会厄除大法会。2日に行
われる大護摩祈祷、4日に行われる招福ぜ
んざいの接待など、壬生寺の節分会期間
中は行事が目白押しで、4月と10月に上演
される壬生大念仏狂言「炮烙割」で使う炮
烙を節分に奉納する人も多い。

京都市中京区壬生梛ノ宮町31 ｜ MAP-A
市バス壬生寺道停留所から徒歩3分 ｜ 8時〜21時
（狂言 2日・3日の13時〜、大護摩祈祷2日14時〜）
観覧自由

2日〜 4日

節分祭
吉田神社
よしだじんじゃ
せつぶんさい

室町時代に始まり、いまや約50万人が訪れるという吉田神社の節分祭。早朝より行われる節分前日祭に始まり、災いをもたらす疫神を鎮めるための疫神祭、古式に則った宮中行事の趣を伝える追儺式、そして参拝者が持参した古い神札やお守りを焚き上げる火炉祭など、京都の風物詩を一目見ようと多くの参拝者が訪れる。

京都市左京区吉田神楽岡町30 ｜ MAP-A
市バス京大正門前停留所から徒歩5分
2日 節分前日祭・疫神祭 8時〜、追儺式 18時〜、
3日 節分当日祭 8時〜、火炉祭 23時〜、
4日 節分後祭 9時30分〜 ｜ 観覧自由

3日

せつぶん え
節分会
せんぼんしゃ か どうだいほうおん じ
千本釈迦堂大報恩寺

本堂建築の際に、内助の功で夫の大工棟梁を助けながらも不遇の死を遂げた妻・おかめにちなんで建立された「おかめ塚」とともに、800年近く伝承されて来た行事。茂山狂言社中によるユニークなおかめ福節分の狂言や厄除け鬼追いの豆撒きが行われる。また、法要の前には番匠保存会による木遣（きやり）音頭・上七軒の舞妓による踊りの奉納もある。

京都市上京区七本松通今出川上ル ｜ MAP-A
市バス上七軒停留所から徒歩5分 ｜ 15時〜
拝観料 600円

3日

節分会
法住寺

後白河上皇ゆかりの寺・法住寺の節分会では、まず鬼や天狗とともに住職が近辺の店や家をまわり、厄を払う。その後、島原太夫がつきたての餅を丸め、ぜんざい供養が行われるほか、開運厄除の星供採灯大護摩供が厳修される。また鬼法楽、豆撒きの他、甘酒や天狗による長寿笹酒の接待もある。

京都市東山区三十三間堂廻り町655
MAP-B ｜ 市バス博物館三十三間堂前停留所から徒歩5分 ｜ 11時〜16時 ｜ 観覧自由

3日

おばけ
五花街

京都五花街で盛んに行われる節分の催しで、芸舞妓が様々な扮装をして花街のあちこちの座敷をまわる。時には客の男性の扮装をして他の客の座敷に出ることもあり、また客の方も様々な扮装をする場合もある。また、この花街おばけでは、厄年の者が異装して厄払いとするところもある。

京都市の各花街 ｜ MAP-C ｜ 夕刻〜

3日

せつぶんやくよけたいさい
節分厄除大祭
ひむかいだいじんぐう
日向大神宮

内宮と外宮の2つの本殿をもつことから「京の伊勢」としても知られる日向大神宮の節分祭では、開運・厄除大祭が行われ、日本で唯一の神事「天岩戸くぐり」（通称「ぬけ参り」）が行われる。大人なら少し腰をかがめて入らなければならないその岩穴をくぐり抜けると、心と体の一年の罪けがれがはらい清められ、福を招くとされる。

京都市山科区日ノ岡一切経谷町29
MAP-A｜地下鉄東西線蹴上駅から徒歩15分
16時～｜観覧自由

3日

せつぶん え つい な しき
節分会追儺式
ろくは ら みつじ
六波羅蜜寺

空也上人により開創された六波羅蜜寺の節分会の歴史は古いが、六斎念仏を中心とした追儺式が行われるようになったのは江戸時代とされる。かつて勤行の邪魔をする「土蜘蛛の精」を追い払うべく、大太鼓、鉦などを打ち鳴らし、退散させたという故事に基づく六斎念仏と福豆撒きで、一年の招福厄除を祈願する。

京都市東山区五条通大和大路上ル東
MAP-A｜京阪電鉄清水五条駅から徒歩7分
11時～｜観覧自由（宝物館は600円）

3日

節分祭
せつぶんさい
藤森神社
ふじのもりじんじゃ

伏見区では最大規模の節分祭が行われる藤森神社。18時より始まる藤森太鼓の演奏に続き、雅楽・舞楽が奉納されると、節分追儺式では2匹の鬼が現れ、舞台を暴れまわる。舞台からは豆撒きも行われるほか、甘酒の接待もある。

京都市伏見区深草鳥居崎町609 ｜ MAP-B
JR奈良線藤森駅から徒歩5分 ｜ 10時〜
観覧自由

3日

追儺式鬼法楽
ついなしきおにほうらく
盧山寺
ろざんじ

人間の三毒である貪（むさぼ）り・瞋（いか）り・愚痴（ぐち）を表す鬼が退治される様子がユーモラスに表現された、通称「鬼おどり」とも呼ばれる行事。砂糖で大豆をコーティングした蓬莱豆（ほうらいまめ）の授与や、邪気払いをされた鬼が逆に健康を授けてくれる、鬼の御加持があるのも特徴。

京都市上京区寺町通広小路上ル北之辺町
MAP-A ｜ 市バス府立医大病院前停留所から
徒歩5分 ｜ 15時〜 ｜ 観覧自由

3日

節分祭
せつぶんさい

松尾大社
まつのおたいしゃ

松尾大社の節分祭は、宮司による豆撒きで疫鬼を払った後、追儺行事が執り行われる。拝殿では宮司が弓を構え弦を3回引き、和歌を唱えて疫鬼の退散を念ずる「鳴弦破魔弓神事」や「四方奉射神事」、福男・福女による「福豆撒き」など見所が多い。10時から奉納される「石見神楽」も見逃せない。

京都市西京区嵐山宮町 ｜ MAP-D ｜ 市バス・京都バス松尾大社前停留所からすぐ ｜ 10時〜 観覧自由

3日

節分祭
下鴨神社

古来開運厄除の伝統行事として、さまざまな行事が行われる下鴨神社の節分祭。本殿で行われる「古神符焼納神事」、直垂姿の射手が弓を鳴らし四方の邪気を祓う「蟇目式（ひきめしき）」、楼門前で鏑矢を楼門の屋根を越えるように飛ばす「屋越式」、また毎年恒例の「追儺豆まき」、弓矢の形に組んだ火床を焚き上げる「御真木神事」などがある。

京都市左京区下鴨泉川町59 ｜ MAP-A
市バス下鴨神社前停留所からすぐ
10時〜 ｜ 観覧自由

節分に近い日曜

女人厄除祭
市比賣神社

平安時代に盛んになったという女人厄除祈祷は、女人守護の祭神として知られる市比賣神社の恒例行事。昭和63年、和装業界の振興と女性の幸福を祈り、服飾研究家・市田ひろみ氏によって復元された。着物姿の女性たちが願い事を記した矢羽根を神前に奉納し、宮司から厄払いを受けた後、五条大橋にて橋の上から鴨川へと豆を撒き、邪気を祓う。

京都市下京区河原町通五条下ル一筋目西入ル ｜ MAP-A
市バス河原町五条停留所から徒歩5分 ｜ 11時〜 ｜ 観覧自由

初午の日

初午大祭
はつうまたいさい

伏見稲荷大社
ふしみ いなり たいしゃ

稲荷大神が稲荷山に鎮座した2月の
初午の日にちなみ、稲荷大神の神威を
崇める初午大祭。この初午は平安朝
の随筆『枕草子』に記述が見られる
ほど歴史が深い。福詣とも呼ばれ、こ
の日に授与される「しるしの杉」は商
売繁昌・家内安全のご利益がある縁
起物として、参拝者から篤い信仰を集
める。

京都市伏見区深草薮之内町68 ｜ MAP-B
JR奈良線稲荷駅からすぐ ｜ 8時〜
参拝自由

初午の日

初午祭
はつうまさい

妙雲院菊神稲荷神社
みょううんいんきくじんいなりじんじゃ

通常非公開の菊神稲荷神社が公開さ
れる初午祭では、名物の水行とお火
焚きを見物しようと多くの参拝者が訪
れる。法華経寺（千葉県）で100日の
荒行を終えた者だけが許される水行
では、下帯姿の三人が読経しながら木
桶で水をくみ、水しぶきを飛び散らせ
て繰り返し身を清める姿が勇ましい。

京都市左京区仁王門通川端東入 ｜ MAP-A
地下鉄東西線三条京阪駅・京阪本線三条駅
から徒歩3分 ｜ 水行 14時頃〜 ｜ 観覧自由

初午の日を含む4日間

幸せを呼ぶ初午大根焚き
三千院

11月～12月頃に行われることが多い
大根焚きだが、三千院では厳寒の2
月に催される。有機農法で大切に育
てられた地元・大原産の大根をおよそ
4000本使用し、約1万食を無料で提
供。金色不動堂前の広場で大鍋をい
くつも用いて盛大にふるまい、無病息
災、開運招福を祈願する。

京都市左京区大原来迎院町540 ｜ MAP-E
京都バス大原停留所から徒歩10分
9時～ ｜ 拝観料 700円

8日

世継地蔵尊功徳日大祭
上徳寺

1億日分の功徳を授かるといわれる、
一億劫日功徳日に世継地蔵の功徳を
讃え、子授け・招福などを祈願する行
事。東西南北と天地から邪気が入ら
ないよう矢を放って護摩木を焚き上げ
る柴灯護摩供養も行われ、祈願成就
を願う。

京都市下京区富小路通五条下ル本塩竈町556
MAP-A ｜ 京阪本線清水五条駅から徒歩5分
10時～（柴灯護摩供養 14時～）｜ 観覧自由

8日

針供養
はりくよう

法輪寺
ほうりんじ

法輪寺針供養は、皇室で使用された針を
供養するための勅命により始まったとされ
る。虚空蔵菩薩が手芸、芸能の守護仏で
あることから、全国から寄せられた廃針の
法要を行う。供養に訪れた参拝者は蒟蒻
に大針を刺し、普段固いものばかり刺して
いる針を休ませることで裁縫の上達を祈る。
なお、12月8日にも開催される。

京都市西京区嵐山虚空蔵山町16 ｜ MAP-D
阪急嵐山線嵐山駅から徒歩5分 ｜ 13時〜
観覧自由

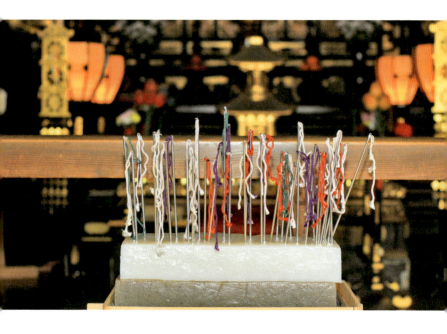

9日

二講
にのこう

山科区小山
やましなく こやま

山科区小山で受け継がれ、京都市の無形民俗文化財にも指定された民俗行事。鎌倉時代より伝わる地域の「大蛇伝説」にちなみ、藁で作った大蛇を祀る。毎年順番で小山町に住む4軒が、当日の早朝から藁で大蛇を編んで奉納し、五穀豊穣または家内安全を祈る。

京都市山科区小山小川町 ｜ 京阪バス小山停留所から徒歩8分 ｜ 大蛇づくり（小山総合センター）9時～14時頃 ｜ 設置（音羽川付近）14時～15時頃 観覧自由

11日

紀元祭
きげんさい

上賀茂神社
かみが も じんじゃ

建国記念の日となっている2月11日は、初代天皇である神武天皇の即位を祝う日。この日、上賀茂神社では、国家安寧を願って蹴鞠や剣道、空手などが奉納される。

京都市北区上賀茂本山339 ｜ MAP-A
市バス上賀茂神社前停留所からすぐ
10時～ ｜ 観覧自由

11日
城南宮七草粥の日
じょうなんぐうななくさがゆ　ひ
城南宮
じょうなんぐう

人日の節句である1月7日に食す一般
的な七草粥に対し、城南宮では旧暦1
月7日に近い2月11日を「城南宮七
草粥の日」と定め、神前に七草を供え
る。無病息災を願い、供えられた七
草はお粥にして参拝者にふるまわれる。
また、神苑・楽水苑では、『源氏物語』
に登場する約80種の草木を植栽保存
しており、春の七草を見ることができる。

京都市伏見区中島鳥羽離宮町7 | MAP-B
地下鉄烏丸線・近鉄京都線竹田駅から徒歩
15分 | 10時〜16時 | 観覧自由
七草粥 500円、神苑拝観料 大人600円

11日
甘酒祭
あまざけまつり
梅宮大社
うめのみやたいしゃ

古来「産宮」とも呼ばれ、農業、産業、子
宝の御利益で知られる梅宮大社では、早咲
梅に合わせて甘酒が無料接待される甘酒
祭が行われる。醸造期を迎えた酒蔵から奉
納された酒粕をもとに甘酒が作られ、神前
に供えて酒造業の繁栄と氏子の無事を祈
願する。

京都市右京区梅津フケノ川町30 | MAP-D
市バス梅宮大社前停留所から徒歩3分
9時30分〜16時30分 | 観覧自由

11日

阿含の星まつり
阿含宗本山境内地

阿含宗本山境内地において厳修されるこの行事は、正式には「火の祭典・阿含の星まつり神仏両界大柴燈護摩供」と呼ばれる阿含宗最大の行事。独自の神仏両界の秘法で、祈願成就の神界壇・金剛界壇と先祖供養の仏界壇・胎蔵界壇で、信者らが奉納した護摩木が焚き上げられる。

京都市山科区北花山大峰町 ｜ MAP-A
市バス上花山花ノ岡町停留所から徒歩3分
8時30分〜16時 ｜ 観覧自由

11日

鬼除弓神事
小倉神社

神社祭祀に奉仕する氏子集団を一般に宮座といい、大山崎の小倉神社では御座（おざ）と呼ばれる宮座による鬼除弓神事が行われる。本殿での諸儀に続き、割拝殿に用意された的に神職、並びに宮座の代表が次々に矢を放ち、招福厄除を祈願する。

乙訓郡大山崎町字円明寺小字鳥居前83
阪急京都線西山天王山駅から徒歩20分
14時〜 ｜ 観覧自由

11日

つるぎ御弓始祭
（お ゆみはじめさい）
剣神社
（つるぎじんじゃ）

平安遷都の際、鎮護のために宝剣を埋めて神殿を建てたのが起源とされる剣神社で行われる弓始めの儀。弓矢を四方に放ち、鬼門の方角（北東）にある「鬼」の的に矢を射る。弓始めが終わると、境内では厄除けのお火焚きが行われ、神職に清められた護摩木に社殿より持ち出した智火が点火される。

京都市東山区今熊野剣宮町1 ｜ MAP-B ｜ 市バス今熊野停留所・泉涌寺道停留所から徒歩5分
13時〜 ｜ 観覧自由

15日

加持大祭
（か じ たいさい）
松ヶ崎大黒天
（まつ が さきだいこくてん）

水行と加持祈祷、火焚祭が併せて行われる松ヶ崎大黒天の祭。水行は、法華経寺（千葉県）で100日の荒行を終えた僧侶が読経しながら冷水をかぶり、天下泰平を祈願。火焚祭の煙を浴びると無病息災のご利益があるといわれる。

京都市左京区松ヶ崎東町31 ｜ MAP-A
地下鉄烏丸線松ヶ崎駅から徒歩20分
13時〜 ｜ 観覧自由

23日

五大力尊仁王会
醍醐寺

五大力尊の力を授かり、国の平和や国民の幸福を祈る本行事の起源は延喜7年（907年）、醍醐天皇の時代にまで遡る。あらゆる災難を祓うご利益があると信じられ、御影を求める行列が途切れることはない。また、23日正午から行われる餅上げ力奉納が名物で、女性は90kg、男性は150kgの五大力餅なる大鏡餅を抱え上げてその力を奉納し、無病息災・身体堅固を祈る。

京都市伏見区醍醐東大路町22 ｜ 地下鉄東西線醍醐駅から徒歩15分 ｜ 法要 9時〜・13時〜、餅上げ力奉納 12時〜 ｜ 観覧自由

24日

さんやれまつり
幸在祭
かみがもじんじゃ
上賀茂神社

江戸時代から行われている元服の儀。上賀茂神社地域の農家では、古くから15歳で「あがり」、つまり成人とみなされた。幸在祭では、15歳になる男子が大島紬の羽織姿で行列を組み、太鼓を打ち鳴らしながら大田神社から上賀茂神社までを練り歩き、成人したことを神に奉告する。

京都市北区上賀茂本山339 ｜ MAP-A ｜ 市バス
上賀茂神社前停留所からすぐ ｜ 11時頃〜
観覧自由

25日

ばいかさい
梅花祭
きたのてんまんぐう
北野天満宮

菅原道真公の大宰府左遷に際し、都の梅が菅公を慕って大宰府まで飛来したという逸話が残る北野天満宮。紅白梅が咲き競う梅苑の公開は例年2月初旬から3月下旬で、菅公の命日にあたる2月25日には「梅花祭」が行われる。厄除玄米の授与や上七軒の芸舞妓による野点も催されるほか、梅苑公開期間中に特別公開される御土居（おどい）も見ておきたい。

京都市上京区馬喰町 ｜ MAP-A ｜ 市バス
北野天満宮前停留所からすぐ ｜ 9時〜16時
梅苑入苑料 700円（茶菓子付）

25日

<ruby>御湯式<rt>お ゆ しき</rt></ruby>
<ruby>八瀬天満宮社<rt>や せ てんまんぐうしや</rt></ruby>

菅原道真に所縁のある八瀬天満宮社の「御湯式」は、菅公の命日にちなんだ湯立神楽。舞を奉納した後、巫女は沸き立つ大釜の湯へ米、御神酒、塩を入れ、御幣でかき混ぜる。沸き立つ釜の中に笹の葉を浸すと、笹を勢いよく振り上げて湯を撒き、五穀豊穣・無病息災を祈願する。

京都市左京区八瀬秋元町639 ｜ MAP-E ｜ 京都バスふるさと前停留所から徒歩2分 ｜ 10時〜観覧自由

28日

星まつり
<small>ほし</small>

三千院
<small>さんぜんいん</small>

密教寺院で年の変わり目に行われる星供（ほしく）は、各人の星を祈祷し息災延命を祈願するもので、星回りの悪い年は大難を小難に、また良い年はより一層の開運を祈る。三千院の星供は陰陽道を採り入れ、宮中行事を復興した神秘的な法要で、午前11時より堂内を真っ暗にして蝋燭の灯りのみで法要が営まれる。

京都市左京区大原来迎院町540 ｜ MAP-E
京都バス大原停留所から徒歩10分 ｜ 11時〜
拝観料 700円

中 卯の日

御弓始神事
御香宮神社

烏帽子と狩衣姿の2人の氏子が、「左鬼」と呼ばれる裏返しの鬼の字が書かれた大きな的を狙って矢を射る儀式。左鬼とは邪悪な鬼のことを意味し、地域から鬼を退散させるため、約25m先の的に命中するまで矢を放ち続ける。

京都市伏見区御香宮門前町174 │ MAP-B
JR奈良線桃山駅・近鉄京都線桃山御陵前駅から
徒歩5分 │ 10時〜 │ 観覧自由

第2子の日

燃灯祭
上賀茂神社

平安時代に宮中で行われていた「子の日遊び」に由来する神事。本殿北側の御阿礼野（みあれの）で新芽の松である小松を摘み、燃灯草とも呼ばれる玉箒草（たまほうきぐさ）と一緒に神前に供え、祭神・賀茂別雷大神に春の到来を奉告する。普段は立ち入り禁止の御阿礼野で行われる神事を間近で見学できる貴重な行事。

京都市北区上賀茂本山339 │ MAP-A
市バス上賀茂神社前停留所からすぐ
14時〜 │ 観覧自由

77

ANOTHER EVENT　2月 その他の行事

1・3日	湯立神事（ゆ たてしんじ）	石清水八幡宮（いわ し みずはちまんぐう）
2・3日	節分祭（せつぶんさい）	八坂神社（や さかじんじゃ）
3日	節分祭（せつぶんさい）	狸谷山不動院（たぬきだにさん ふ どういん）
3日	上賀茂・節分手づくり市（かみ が も せつぶんて いち）	上賀茂神社（かみ が も じんじゃ）
7日	開山大師降誕会（かいざんだい し ごうたん え）	妙心寺（みょうしんじ）
11日	エジソン生誕祭（せいたんさい）	石清水八幡宮（いわ し みずはちまんぐう）
11日	紀元祭（き げんさい）	平野神社（ひら の じんじゃ）
15日	涅槃会（ね はん え）	萬福寺（まんぷくじ）
中旬〜3月中旬	しだれ梅と椿まつり（うめ つばき）	城南宮（じょうなんぐう）
17日	採燈大護摩供（さいとうおお ご ま く）	楊谷寺（ようこくじ）
17日	祈念祭（き ねんさい）	平野神社（ひら の じんじゃ）
第3土・日曜	居籠祭（い ごもりまつり）	涌出宮（わきいでのみや）
28日	御開山会（ご かいざん え）	妙満寺（みょうまんじ）
下旬〜3月下旬	梅まつり（うめ）	青谷梅林（あおだにばいりん）

etc.

③

March

三月　弥生

EVENT CALENDER イベントカレンダー

	1	2	3	4	5	6	7	8	9	10	11	12	13	14

春の人形展〈宝鏡寺〉　○ ── 1日〜4月3日 ────────────

ひいなまつり〈市比賣神社〉　○

流し雛〈下鴨神社〉　○

春桃会〈三十三間堂〉　○

草餅御供祭〈八大神社〉　○

桃花神事と流し雛〈上賀茂神社〉　○

梅産祭〈梅宮大社〉 ──── 第1日曜 ────────

雨乞祭〈貴船神社〉　○

芸能上達祈願祭〈法輪寺〉　○

保津川の日 オープン船営業開幕〈保津川下り乗船場〉　○

東山花灯路〈青蓮院門跡〜清水寺〉
　　　　　　　　　　　　 ········ 上旬〜中旬 ········

青龍会〈清水寺〉　○──

涅槃会〈東福寺〉　○──

	1	2	3	4	5	6	7	8	9	10	11	12	13	14

〇　涅槃会とお松明式〈清涼寺〉
　　　　〇　御塚大祭〈伏見稲荷大社〉
　　　　　　　〇　和泉式部忌〈誠心院〉
　　　　　　　　　　〇　千本釈迦念仏〈千本釈迦堂大報恩寺〉

葵使〈上賀茂神社〉　……　下旬

はねず踊り〈随心院〉　………　最終日曜

1日〜4月3日

春の人形展
（はる　にんぎょうてん）
宝鏡寺
（ほうきょうじ）

「人形の寺」として京都の人に親しまれている宝鏡寺。尼門跡寺院として歴史を刻んだこの寺には数々の人形が残されており、春の人形展では雛人形を中心に数多く展示される。1日には雛祭が行われ、和楽器の演奏と島原太夫による舞が奉納される。宝鏡寺の内部を拝観できる貴重な機会。

京都市上京区寺之内通堀川東入ル百々町547 ｜ MAP-A ｜ 市バス堀川寺之内停留所からすぐ ｜ 10時〜15時30分、雛祭は1日11時〜11時30分 ｜ 拝観料 600円

3日

ひいなまつり
市比賣神社
（いちひめじんじゃ）

女人守護の神社として有名な市比賣神社。境内に雛飾りが展示されるほか、近隣の「ひと・まち交流館 京都」を会場に、さまざまな催しが行われる。投扇興や盤双六など日本古来の玩具体験や再現された宮中装束を身にまとった人雛が名物。また、雛祭に欠かせない菓子・ひちぎりと抹茶も用意されている。

京都市下京区河原町通五条下ル一筋目西入ル MAP-A ｜ 市バス河原町五条停留所から徒歩5分 ｜ 13時〜16時 ｜ ひいなまつり参観券2,000円、雛人形等、お飾りの観覧自由

3日

流し雛
<small>なが　びな</small>

下鴨神社
<small>しもがもじんじゃ</small>

流し雛の神事が行われるのは、水の神様・瀬織津姫命を祭神とする井上社（通称・御手洗社）。公募で選ばれた男女が男雛・女雛に扮し、雛が乗った桟俵を御手洗池に流す様子は晴れやか。この桟俵は参拝者も購入することができ、1年間家に飾った後、御手洗川に流すとよいとされる。

京都市左京区下鴨泉川町59 ｜ MAP-A
市バス下鴨神社前停留所からすぐ
桟俵受付 10時20分～、十二単・束帯着付 10時
30分～、神事 11時～ ｜ 観覧自由

3日

しゅんとうえ
春桃会
さんじゅうさんげんどう
三十三間堂

寺名にちなみ、「3」の重なる桃の節句に行
われる法会。華道家元池坊による献華式・
華展や寄席が行われるほか、千体観音像
を遥拝する高壇を特別に設置。また、女性
専用の桃のお守り（有料）が授与される。

京都市東山区三十三間堂廻り町657 ｜ MAP-B
市バス博物館三十三間堂前停留所からすぐ
9時～15時30分 ｜ 観覧自由（通常は拝観料 600円）

3日

草餅御供祭
八大神社

八大神社では年7回の御供祭があり、桃の節句を祝う草餅御供祭では、五穀豊穣と氏子の安泰を祈る。御供祭で奉献される御供は、神事に奉仕する氏子たちの集まりである宮座が古来の製法で作る慣わしで、蓬（よもぎ）を混ぜた団子をつき、菱形に切り揃え、五段重ねにして神前に供える。

京都市左京区一乗寺松原町1 ｜ MAP-A ｜ 市バス一乗寺下り松町停留所から徒歩7分 ｜ 10時〜観覧自由

3日

桃花神事と流し雛
とうかじんじ　なが　びな
上賀茂神社
かみがもじんじゃ

桃の節句に上賀茂神社で行われるのが桃花神事と流し雛。桃花神事は草餅や桃の花、辛夷（こぶし）の花を神前に供え、無病息災・国家安寧を祈願する。一方、境内の庭・渉渓園の「ならの小川」では、地域の幼児らが紙雛を流し、無病息災を祈る。

京都市北区上賀茂本山339 ｜ MAP-A
市バス上賀茂神社前停留所からすぐ ｜ 10時～
観覧自由

第1日曜

梅産祭
うめうめまつり

梅宮大社
うめのみやたいしゃ

嵯峨天皇の后・檀林皇后が、梅宮大社の白砂を床の下に敷いて寝たところ懐妊し、仁明天皇を授かった逸話から、子授け・安産のご利益があるとされている。梅の花が見頃を迎える時期に行われる梅産祭では、安産などを祈願して神苑の梅でつくった梅ジュースや御神酒が参拝者にふるまわれる。

京都市右京区梅津フケノ川町30 ｜ MAP-D
市バス梅宮大社前停留所から徒歩3分
9時30分〜16時30分 ｜ 神苑拝観料 550円

9日

雨乞祭
あまごいまつり

貴船神社
きふねじんじゃ

明治時代まで貴船山の山中にある「雨乞の瀧」で行われていた雨乞祈願の儀式を起源とする祭祀。五穀豊穣を祈願し、鈴や鉦、太鼓が鳴らされると、「雨たもれ、雨たもれ、雲にかかれ、鳴神じゃ」と高らかに唱えながら、榊の枝で天地に向かって神水を散らして水の恵みを乞う。

京都市左京区鞍馬貴船町180 ｜ MAP-E
京都バス貴船停留所から徒歩5分 ｜ 10時〜
観覧自由

10日

芸能上達祈願祭
げいのうじょうたつきがんさい

法輪寺
ほうりんじ

本尊・虚空蔵菩薩は智恵と技芸を授ける芸能守護として、古くから篤い信仰を集める。法輪寺で行われる芸能上達祈願祭では、本堂で芸の上達を願う祈願法要が営まれた後、茂山忠三郎社中の狂言が奉納される。

京都市西京区嵐山虚空蔵山町16 ｜ MAP-D
阪急嵐山線嵐山駅から徒歩5分 ｜ 13時～
観覧自由

10日

保津川の日
ほづがわ

オープン船営業開幕

保津川下り乗船場
ほづがわくだりじょうせんじょう

京都・丹波に一足早い春の訪れを知らせる恒例行事。この日は花飾り船で「川開き」をお祝いし、亀岡から嵐山までの16kmを約2時間で下っていく。乗船場では安全祈願の神事、太鼓の演奏など、さまざまなイベントが催され、また臨時船も運行される。

亀岡市保津町下中島2 ｜ JR嵯峨野線亀岡駅
から徒歩8分 ｜ 9時～15時30分 ｜ 乗船料
4,100円（大人）、2,700円（小人）

上 旬～中旬

東山花灯路
青蓮院門跡～清水寺

京都の夜の新たな風物詩となることを目指
して、平成15年から東山地域で始まった
「京都・花灯路」。京都を代表する寺院・神
社をはじめとする歴史的な文化遺産やまち
なみがライトアップされるほか、京都いけ
ばな協会による「現代いけばな展」や五花
街の舞妓が八坂神社で舞を奉納するなど、
見所が多い。

京都市東山区の各会場 ｜ MAP-A
18時～21時30分 ｜ 散策自由

14日・15日

せいりゅう え
青龍会
きよみずでら
清水寺

神が東西南北を守護する四神相応の地とされた京都で、東神・青龍が司る場所に位置するのが清水寺。春と秋に行われる青龍会では、「四天王」や「夜叉神」など、清水寺や青龍にまつわる神々に扮し、青龍を掲げて境内と門前町を練り歩き、人々の幸福を祈願する。4月3日、9月14日・15日にも開催。

京都市東山区清水1-294 ｜ MAP-A ｜ 市バス五条坂停留所から徒歩15分 ｜ 14時〜 ｜ 拝観料400円

14日〜16日

| 涅槃会
（ね はん え）
| 東福寺
（とうふく じ）

全国の寺院で行われる涅槃会は、釈迦入滅前日の2月14日から仏涅槃図を掲げ、釈迦の最後説法などを誦読する法要。東福寺では、旧暦2月14日にあたる3月14日から3日間、通常非公開の大涅槃図を本堂にて開帳。猫の姿が描かれている涅槃図は珍しいとされる。

京都市東山区本町15-778｜MAP-B
JR奈良線・京阪本線東福寺駅から徒歩10分
9時〜15時30分（16日は〜15時）｜観覧自由

15日

涅槃会とお松明式
清凉寺

19時から涅槃会法要、20時からはお松明式が行われる（時間は予定）。境内に立てられた3基の大松明が同時に燃え上がる姿は大迫力で、かつては炎の勢いで米の豊凶を占ったとされる。なお、狂言堂では嵯峨大念仏狂言が3回上演される。

京都市右京区嵯峨釈迦堂藤ノ木町46 ｜ MAP-D JR嵯峨野線嵯峨嵐山駅から徒歩15分 ｜ 19時から 観覧自由

19日

御塚大祭
伏見稲荷大社

御膳谷奉拝所は稲荷山三ヶ峰の北背後にあり、古くは御饗殿（みあえどの）と御竈殿（みかまどの）があってここに神供をした所と伝えられる。旧暦2月の初午、鎮座ゆかりの日を偲んで、御膳谷奉拝所では祭典が行われ、斎主以下祭員は神蹟を巡拝する。

京都市伏見区深草藪ノ内町68 ｜ MAP-A
JR奈良線稲荷駅からすぐ ｜ 9時〜16時
参拝自由

21日

和泉式部忌
誠心院

平安時代の女流歌人・和泉式部の命日に営まれる法要。11時からは和泉式部ゆかりの謡曲「東北」「誓願寺」が奉納、続いて14時からは「開山和泉式部忌」と「春のお彼岸法要」が行われる。

京都市中京区新京極通六角下ル中筋町487
MAP-A ｜ 京阪本線三条駅から徒歩8分
謡曲奉納 11時〜、法要 14時〜 ｜ 観覧自由

22日

千本釈迦念仏
せんぼんしゃか ねんぶつ

千本釈迦堂大報恩寺
せんぼんしゃか どうだいほうおんじ

文永年間に第2世・如輪上人がはじ
めたとされ、遺教経会とも呼ばれる。
吉田兼好の『徒然草』にも記された、
京都の春の風物詩ともいえる行事。

京都市上京区七本松通今出川上ル
MAP-A ｜ 市バス上七軒停留所から徒歩5分
14時〜 ｜ 拝観料 600円

下旬

葵使
あおい つかい

上賀茂神社
かみがも じんじゃ

かつて上賀茂神社から徳川家康に二葉葵
（ふたばあおい）を献上した「葵使」にちな
む行事。葵祭で使われる二葉葵を唐櫃に
いれた献上行列が上賀茂神社を出発し、翌
月はじめに静岡県・駿府城で開かれる「静
岡まつり」で引き渡される。

京都市北区上賀茂本山339 ｜ MAP-A ｜ 市バス
上賀茂神社前停留所からすぐ ｜ 11時〜
観覧自由

最終日曜

はねず踊り
随心院

小野小町ゆかりの史跡が残る随心院で行われるはねず踊りは、小野小町に思いを寄せて百夜（ももよ）通いを試みるも、成就しなかった深草少将の悲恋をテーマにした舞踊。山科の春の風物詩が、遅咲きの八重紅梅とともに楽しめる。

京都市山科区小野御霊町35 ｜ 地下鉄東西線小野駅から徒歩5分 ｜ 11時、12時30分、13時30分、15時〜 ｜ 拝観料 1,000円（梅園入園料含む）

ANOTHER EVENT　3月 その他の行事

1日	トロッコ列車運転開始	嵐山
3日	桃花神事	貴船神社
13日	比叡の大護摩	比叡山延暦寺
14日〜4月15日	春の特別寺宝展 涅槃図公開	本法寺
14日〜16日	涅槃会	泉涌寺
15日	涅槃会法要	真如堂
17日	祈年祭	貴船神社
17日	祈念祭	八坂神社
17日	古渓忌	大徳寺大仙院
18日	御当祭	五社神社
25日	御供奉献祭	吉祥院天満宮
25日	祈年祭	長岡天満宮
25日〜4月7日	北野をどり	上七軒歌舞練場
3月下旬〜4月上旬	円山公園ライトアップ	円山公園

etc.

④

April

四月―卯月

EVENT CALENDER イベントカレンダー

	1	2	3	4	5	6	7	8	9	10	11	12	13	14

わら天神宮例祭〈わら天神宮〉　　第1日曜

神弓祭〈八大神社〉　　第1日曜

春季伽藍内特別公開〈法然院〉　○→

土解祭〈上賀茂神社〉　○

中酉祭〈松尾大社〉

桜花祭〈平野神社〉　○

水口播種祭〈伏見稲荷大社〉　○

やすらい祭〈今宮神社〉　　第2日曜

吉野太夫追善花供養〈常照寺〉　　第2日曜

えんむすび祈願さくら祭り〈地主神社〉　　第2日曜

豊太閤花見行列〈醍醐寺〉　　第2日曜

嵯峨天皇奉献華道祭〈大覚寺〉　　中旬

	1	2	3	4	5	6	7	8	9	10	11	12	13	14

15 16 17 18 19 20 21 22 23 24 25 26 27 28 29 30

中酉の日

○→ 平安神宮例祭・翌日祭〈平安神宮〉

○ 鎮花祭〈出雲大神宮〉

○ 鬼くすべ〈宝積寺〉

○→ ミッドナイト念仏 in 御忌〈知恩院〉

第3土曜

普賢像桜の夕べ〈千本ゑんま堂引接寺〉

○ 二十五菩薩練り供養〈知恩寺〉

藤花祭〈西院春日神社〉 ○

曲水の宴〈城南宮〉 ○

松尾祭神幸祭〈松尾大社〉

下旬の日曜

15 16 17 18 19 20 21 22 23 24 25 26 27 28 29 30

第1日曜

わら天神宮例祭
てんじんぐうれいさい
わら天神宮
てんじんぐう

一年で最も重要な4月の春季大祭は、大弓で的を射る神事が行われることから、北山お弓祭とも呼ばれる。神事の後に氏子地域を練り歩く、神輿や稚児の行列も見所。

京都市北区衣笠天神森町 ｜ MAP-A
市バスわら天神前停留所からすぐ
10時30分〜 ｜ 観覧自由

第1日曜

神弓祭
しんきゅうさい
八大神社
はちだいじんじゃ

宮座の中から、今年上座になる人と昨年上座になった人の2人が「弓執り」となり、古式作法に則って2本の矢を各々3回ずつ的に放つ。かつては、矢の1本1本を農作物の種類になぞらえ、「的を外れたものは不作」といわれていた。村の安全や五穀豊穣の祈願のため地域で大切に受け継がれてきた行事。

京都市左京区一乗寺松原町1 ｜ MAP-A
市バス一乗寺下り松町停留所から徒歩7分
14時〜 ｜ 観覧自由

1日〜7日

春季伽藍内特別公開
法然院

通常は本堂をはじめとする建物内は非公開だが、4月1日から7日までと11月1日から7日までの春秋2回1週間ずつ堂内が有料一般公開される。本尊である阿弥陀如来坐像をはじめ、椿の生花を用いた二十五菩薩の散華、狩野光信筆の方丈襖絵などを拝観できる貴重な機会。

京都市左京区鹿ヶ谷御所ノ段町30｜MAP-A
市バス法然院町停留所から徒歩10分
9時30分〜16時｜拝観料 500円

3日

土解祭
上賀茂神社

土解とは、春の日差しに凍りついた土が解け、作付けに適してくることをいい、この時期に土の災いを祓い、その年の豊作を祈念する。特殊な卜占で早稲（わせ）、中稲（なかて）、晩稲（おくて）のどれが今年の稲作に適しているかを決め、お祓いをするのどかな行事。

京都市北区上賀茂本山339 ｜ MAP-A
市バス上賀茂神社前停留所からすぐ
10時〜 ｜ 観覧自由

中 酉の日

中酉祭
ちゅうゆうさい
松尾大社
まつのおたいしゃ

酒の神として信仰を集める松尾大社では、4月の中の「酉の日」には醸造完了を感謝する中酉祭が執り行われる。古来、卯の字は甘酒、酉の字は酒壺を意味しているといわれ、酒造りは「卯の日」にはじめ、「酉の日」に完了する慣わしがあり、11月の上卯祭と同様にこの日は和洋酒、味噌、醤油、酢等の醸造業はもとより、卸小売の人々が参集し参列する。

京都市西京区嵐山宮町 ｜ MAP-D
市バス・京都バス松尾大社前停留所からすぐ
11時〜 ｜ 観覧自由

10日

おう か さい
桜花祭
ひら の じんじゃ
平野神社

寛和元年（985年）、花山天皇によって開かれた臨時の勅祭「平野臨時祭」に由来する祭。東遊、甲冑姿や流鏑馬姿の武士、元禄時代の女性など、さまざまな時代風俗の衣装に身を包んだ神幸列が神社周辺を巡る。拝殿では生田流箏曲の演奏が行われるなど、桜の風情を満喫できる。

京都市北区平野宮本町1 ｜ MAP-A ｜ 市バス衣笠校前停留所から徒歩2分 ｜ 6時〜17時（桜の開花期間は夜桜鑑賞のため〜21時頃）観覧自由

12日

みなくち は しゅさい
水口播種祭
ふし み いな り たいしゃ
伏見稲荷大社

稲作の始まる頃、籾種を苗代田におろすにあたり、大神にその充実した生育を祈願する祭り。本殿で祭典が行われた後、神職が境内にある神田の水の出入口に斎串を刺し立て、三島初穂講の奉耕者へ斎種を手渡すと、神楽の調べが響く中、籾種が手際よく蒔かれていく。

京都市伏見区深草藪之内町68 │ MAP-B
JR奈良線稲荷駅からすぐ │ 11時〜 │ 参拝自由

第2日曜

やすらい祭
今宮神社
（いまみやじんじゃ）

京の三奇祭のひとつに数えられるやすらい祭。祭りの行列は「練り衆」と呼ばれ、疫神を鎮めるために辻々で囃子に合わせ、赤毛黒毛の大鬼が太鼓や鉦を打ちながら踊る。また祭の象徴である緋（あか）い花傘の下に入ると健康で過ごせると伝えられる。

京都市北区紫野今宮町21 ｜ MAP-A
市バス今宮神社前停留所からすぐ ｜ 9時〜17時（行列 13時頃〜15時頃） ｜ 参拝自由

第2日曜

吉野太夫追善花供養
（よしのだゆうついぜんはなくよう）
常照寺
（じょうしょうじ）

常照寺ゆかりの名妓・吉野太夫を偲ぶ行事。桜の名所として知られる境内をきらびやかな打ち掛け姿の島原太夫が内八文字で練り歩く。法要のほか、墓前供養、奉納舞、献茶式などが行われる。

京都市北区鷹峯北鷹峯町1 ｜ MAP-A
市バス鷹峯源光庵前停留所からすぐ
9時〜15時 ｜ 当日券 5,500円

第2日曜

えんむすび祈願さくら祭り
地主神社
(じしゅじんじゃ)
(き がん)
(まつ)

嵯峨天皇行幸の際、その美しさに3度御車を返したという故事で有名な地主桜にちなむ祭。謡曲「田村」「熊野（ゆや）」にうたわれた名桜・地主桜が満開になる頃、その美しさを祝い、神々のご利益による良縁を祈願する。白川女による桜の献花や謡曲「田村」「熊野」の奉納、また北村季吟の献句「地主からは木の間の花の都かな」が献詠される。

京都市東山区清水1-317 ｜ MAP-A ｜ 市バス五条坂停留所から徒歩10分 ｜ 10時～ ｜ 観覧自由（清水寺拝観料は別途）

第2日曜

<ruby>豊太閣花見行列<rt>ほうたいこうはなみぎょうれつ</rt></ruby>
<ruby>醍醐寺<rt>だいごじ</rt></ruby>

慶長3年（1598年）に行われた豊
臣秀吉の花見の様子を再現する行列。
「花の醍醐」と呼ばれる桜の名所醍醐
寺境内は、きらびやかに着飾った行列
参加者で終日にぎわう。

京都市伏見区醍醐東大路町22
地下鉄東西線醍醐駅から徒歩15分
花見行列 13時～ ｜ 観覧自由

15日・16日

<ruby>平安神宮例祭・翌日祭<rt>へいあんじんぐうれいさい　よくじつさい</rt></ruby>
<ruby>平安神宮<rt>へいあんじんぐう</rt></ruby>

平安神宮の年中行事で最も重要な祭
事である例祭は、祭神・桓武天皇の
即位を記念する神事で、その翌日には
例祭斎行を祝して神賑行事が行われ
る。大極殿前に設けられた舞台では、
巫女による神楽「平安の舞」をはじめ、
芸舞妓による歌舞の奉納、古式四條
流庖丁道家元による包丁式など、さま
ざまな催しが楽しめる。

京都市左京区岡崎西天王町 ｜ MAP-A
市バス岡崎公園 美術館・平安神宮前停留所から徒歩5分
10時～（翌日祭神賑行事 12時～） ｜ 観覧自由

中旬

嵯峨天皇奉献華道祭
大覚寺

嵯峨天皇の命日にちなみ行われる、いけばな嵯峨御流最大の祭典。献花法会や生花展、お茶席が設けられるなど、情趣溢れるひとときを体験できる。

京都市右京区嵯峨大沢町4 ｜ MAP-D
市バス・京都バス大覚寺停留所からすぐ
10時〜16時 ｜ 拝観料 500円
※平成30年のみ10月12〜14日に実施
（献華法会は10月1日）

18日

鎮花祭
出雲大神宮

かつては花の散る季節に疫神が四方に分散して病を起こすと考えられ、古来これを防ぐために鎮花祭が行われた。出雲大神宮の鎮花祭は、12の花笠や狩衣姿の踊り手が五穀豊穣を祈願して踊る出雲風流花踊が見所で、京都府無形民俗文化財に指定されている。また、他にも神楽や巫女により奉納される「浦安の舞」などが行われる。

亀岡市千歳町千歳出雲無番地
京阪京都交通バス出雲神社前停留所からすぐ
10時〜 ｜ 観覧自由

18日

鬼くすべ
宝積寺

行基の開山した真言宗の古刹・宝積寺では、青檜葉をくすべて鬼を煙でいぶし出す伝統行事「鬼くすべ」が行われる。法螺貝の合図で青檜葉に火がつけられると、密閉された本堂内にはもうもうと煙が立ち込める。煙に追われた鬼は、鴨居に下がる鏡餅に映った自分の姿に驚き、退散するという、ユニークな鬼やらいの行事。

乙訓郡大山崎町大山崎銭原1 ｜ JR京都線山崎駅・阪急京都線大山崎駅から ｜ 徒歩15分
14時～ ｜ 観覧自由

18日・19日

ミッドナイト念仏 in 御忌
知恩院
ねんぶつ ぎょき
ち おんいん

法然上人の命日を期して行われる御忌大会は、知恩院で最大かつ重要な行事で、4月18日午後から25日午前中までの8日間を通して法要が勤められる。期間中、法要とは別に国宝三門楼上内で夜通し行われる「ミッドナイト念仏 in 御忌」は法然上人の徳をしたう別時念仏会で、4月18日午後8時から翌朝19日午前7時にわたって多くの一般参列者が訪れる。

京都市東山区林下町400 ｜ MAP-A
市バス知恩院前停留所から徒歩5分
18日20時〜19日7時 ｜ 観覧自由

第3土曜

普賢象桜の夕べ
ふ げんぞうざくら ゆう
千本ゑんま堂引接寺
せんぼん どういんじょうじ

遅咲きの八重桜である普賢象桜が有名な
千本ゑんま堂では、室町幕府三代将軍・
足利義満と後小松天皇との故事にちなんだ
普賢象桜の夕べが春の風物詩となっている。
ライトアップされた桜を眺めながら、茶席
や特設ステージが楽しめる。

京都市上京区千本通蘆山寺上ル閻魔前町34
MAP-A ｜ 市バス千本鞍馬口停留所から徒歩2分
夕刻～ ｜ 観覧自由

25日（3年に1度）

二十五菩薩練り供養
（にじゅうごぼさつねりくよう）
知恩寺
（ちおんじ）

法然上人の命日法要・御忌大会で行われる、病気平癒を祈願し大きな珠数を繰る「大念珠繰り」が有名な知恩寺で、この法要にあわせて3年に1度開催される行事。法然上人二十五霊場第一番礼所である岡山県の誕生寺より出開帳の煌びやかな装束に仏の面をつけ、現世と来世の間にあるとされる御影堂への道を練り歩く。阿弥陀如来と二十五菩薩が来迎し、衆生を極楽浄土へ導く姿を再現する。

京都市左京区田中門前町103 ｜ MAP-A
市バス百万遍停留所からすぐ ｜ 10時30分～
観覧自由

29日

藤花祭
（とうかさい）
西院春日神社
（さいいんかすがじんじゃ）

平安時代より宮中で行われた「藤花ノ宴」にちなみ、御神前に焚かれた篝火（かがりび）の前で行われる祭礼。藤の花飾りを頭に付けた神職らが参進し、本殿にて神事や舞が奉納される。また、京都御所から特別に賜った藤壺の藤や、冷泉家・二條家などから奉納された藤が披露される。

京都市右京区西院春日町61 ｜ MAP-A
阪急京都線西院駅から徒歩3分 ｜ 18時～
観覧自由、当日限定「藤かずら守り」初穂料
1,000円

29日

きょくすい の うたげ
曲水の宴
じょうなんぐう
城南宮

城南宮の神苑「楽水苑」の平安の庭で催される行事。琴の音が響く中、平安装束に身を包んだ歌人が、庭園の流れに沿って着座し、短冊に和歌をしたためる。宴の間には白拍子の舞も披露され、まるで平安時代にタイムスリップしたかのような風雅な時間が流れる。

京都市伏見区中島鳥羽離宮町7 ｜ MAP-B
地下鉄烏丸線・近鉄京都線竹田駅から徒歩15分
14時～ ｜ 観覧自由

下 旬の日曜

松尾祭神幸祭
まつのおまつりしんこうさい

松尾大社
まつのおたいしゃ

4月20日以降最初の日曜日に行われ、「おいで」とも称される松尾大社神幸祭。松尾七社の神輿（月読社は唐櫃）が、本殿前で分霊を受けて拝殿を3回まわった後に出発し、それぞれ桂川を船で渡って御旅所を目指す。なお、還幸祭は5月中旬に行われる。

京都市西京区嵐山宮町 ｜ MAP-D
市バス・京都バス松尾大社前停留所からすぐ
10時〜 ｜ 観覧自由

ANOTHER EVENT　4月 その他の行事

1〜30日	都をどり	祇園甲部歌舞練場
2日	松尾大社例祭	松尾大社
4日	護王大祭	護王神社
第1日曜、第2土・日曜	嵯峨大念仏狂言	清凉寺
4月中旬までの15日間	花供養	鞍馬寺
第1土曜〜第3日曜	京おどり	宮川町歌舞練場
14日	春季例大祭 淳仁天皇祭	白峯神宮
17日	御香宮神社例大祭	御香宮神社
18日	吉田神社例祭	吉田神社
19日	御身拭式	清凉寺
20日に最も近い日曜日	稲荷祭神幸祭	伏見稲荷大社
21日	正御影供	東寺
23〜25日	法然上人御忌大会	知恩寺
29日	しゃくなげ祭	志明院

etc.

五月一皐月

	1	2	3	4	5	6	7	8	9	10	11	12	13	14

葵祭〈上賀茂神社・下鴨神社〉

賀茂競馬足汰式〈上賀茂神社〉

流鏑馬神事〈下鴨神社〉

斎王代・女人御禊神事〈上賀茂神社・下鴨神社〉

歩射神事〈下鴨神社〉

古武道奉納〈下鴨神社〉

賀茂競馬〈上賀茂神社〉

御蔭祭〈御蔭神社〜下鴨神社〉

堅田供御人行列鮒奉献奉告祭〈下鴨神社〉

春の大原女まつり〈大原一帯〉

4月末から5月上旬

鴨川の川床開き〈鴨川沿い〉

千本ゑんま堂大念仏狂言〈千本ゑんま堂引接寺〉

藤森祭〈藤森神社〉

八十八夜 八十八夜茶摘み〈宇治茶会館ほか〉

神泉苑祭〈神泉苑〉

八大神社大祭〈八大神社〉

鷺森神社例大祭〈鷺森神社〉

泰山府君祭・端午大護摩供〈赤山禅院〉

今宮祭〈今宮神社〉

山蔭神社例祭〈吉田神社〉

市比賣神社春季大祭〈市比賣神社〉

菅大臣神社例祭〈菅大臣神社〉 第2日曜とその前日

新日吉祭〈新日吉神宮〉 第2日曜

五月満月祭〈鞍馬寺〉 満月の夜

松尾祭還幸祭〈松尾大社〉 中旬の日曜

三船祭〈大堰川（渡月橋上流）〉

下御霊神社還幸祭〈下御霊神社〉

	1	2	3	4	5	6	7	8	9	10	11	12	13	14

15	16	17	18	19	20	21	22	23	24	25	26	27	28	29	30	31

→

○ 路頭の儀〈京都御所〜下鴨神社〜上賀茂神社〉
○ 社頭の儀〈下鴨神社・上賀茂神社〉

→

○ 御霊祭渡御之儀〈御霊神社（上御霊神社）〉

第3日曜

第3日曜・第4日曜

御懺法講〈三千院〉 ○

京都祇園八坂神社御田祭〈尾長野八坂神社〉 下旬の日曜

15	16	17	18	19	20	21	22	23	24	25	26	27	28	29	30	31

あおいまつり
葵 祭

かみ が も じんじゃ   しもがもじんじゃ
上賀茂神社・下鴨神社

上賀茂神社および下鴨神社で行われる古式の祭礼で、起源は飛鳥時代、欽明天皇の時代にまで遡るといわれる。正式には賀茂祭、かつては北の祭りとも呼ばれ、平安中期には「まつり」といえば葵祭を指した。現在では「祇園祭」「時代祭」と並び京都三大祭のひとつに数えられ、15日間にわたって古より連綿と受け継がれてきた数々の祭事が行われる。

上賀茂神社
京都市北区上賀茂本山339 ｜ MAP-A
市バス上賀茂神社前停留所からすぐ

下鴨神社
京都市左京区下鴨泉川町59 ｜ MAP-A
市バス下鴨神社前停留所からすぐ

1日

賀茂競馬足汰式
上賀茂神社

5日に行われる賀茂競馬に先立ち、上賀茂神社では馬を実際に試走させ、当日の組み合わせを決める競馬足汰式が行われる。馬の速度、健康状態、年齢と乗尻（騎手）の乗馬技術が組み合わせの指標で、ならの小川で足を清めた12頭の馬は、年齢と健康状態を確認された後に1頭ずつ走り、その後2頭1組となって速さを競う。

13時～ ｜ 観覧自由（有料観覧席あり）

3日

流鏑馬神事
下鴨神社

射手は糺（ただす）の森の参道を南から北へと馬に乗って疾走し、100m間隔にある3つの的を馬上から射抜く。狩装束の騎手が的を射る様は勇ましく、馬が加速する3番目の的の近くに最も多くの見物客が集まる。

13時～ ｜ 観覧自由（有料観覧席あり）

4日

斎王代 ・ 女人御禊神事

上賀茂神社 ・ 下鴨神社

葵祭の本祭に参加する斎王代と女人列、50余名の穢れを祓う神事で、上賀茂神社と下鴨神社の各年交代で行われる。神職が祝詞を読み上げた後、上賀茂神社では御手洗川、下鴨神社では御手洗池で、斎王代が手を川に浸す御禊が行われる。続いて上賀茂神社では人形、下鴨神社では斎串で身をなで、息を吹きかけて川へ流す。女人列もそれに倣い、各々身についた穢れを祓う。

10時〜 | 観覧自由

5日

歩射神事
ぶ しゃしんじ

下鴨神社
しもがもじんじゃ

弓矢によって祭儀沿道の邪気を祓う神
事。馬上から矢を射る流鏑馬に対し
て、歩射神事は地上で矢を射るもの
で、平安時代に宮中で行われていた
「射礼の儀」に由来する。鎌倉時代か
ら受け継がれる小笠原流の弓作法も
見所のひとつ。

11時〜 │ 観覧自由（有料観覧席あり）

5日

古武道奉納
こ ぶ どうほうのう

下鴨神社
しもがもじんじゃ

葵祭の前祭として行われる下鴨神社
の古武道奉納。全国から参集した
十二余流派が日頃の研鑽の成果を披
露する。薙刀（なぎなた）、剣術、柔術、
居合をはじめ、棒術や鎖鎌（くさりがま）
など、普段見ることのない古武道を間
近に見ることができる。

13時〜 │ 観覧自由

5日

賀茂競馬
（かも くらべうま）
上賀茂神社
（かみ が も じんじゃ）

平安時代後期に行われた菖蒲（しょうぶ）の根の長短を競う遊び「菖蒲合わせ」に因み、12頭の馬が2頭1組となって馬場を走り、速さと優美さを競う神事。乗尻の左方は「打毬楽」、右方は「狛桙」の舞楽装束を着けて社頭に参上し、諸儀に続いて競馬が行われる。『徒然草』にも行事の様子が記されている。

14時30分〜 ｜ 観覧自由（有料観覧席あり）

12日

御蔭祭
御蔭神社～下鴨神社

上賀茂神社に葵祭の神霊を迎える御阿礼神事（みあれじんじ）と同日、下鴨神社では神職ら約150人の行列が早朝の下鴨神社を出発し、摂社・御蔭神社に向かう。一行が厳重に囲んだ社殿内では秘儀が行われ、神霊が御神櫃に遷される。御神櫃を下鴨神社へ運ぶ神幸列は、雅楽の音を響かせながら山中をゆっくりと進んでいく。

御蔭神社
京都市左京区上高野東山207 ｜ MAP-E
叡電八瀬比叡山口駅から徒歩12分
12時〜 ｜ 観覧自由

14日

堅田供御人行列
鮒奉献奉告祭
下鴨神社

滋賀県大津市の堅田から下鴨神社に鮒が献上される葵祭の前儀。平安時代より続く神事で、堅田・神田神社を出発した一行は、地域を巡行した後、下鴨神社へと向かう。鮒や鮒寿司を入れた唐櫃（からびつ）を運ぶ供御人行列が下鴨神社へ到着すると、糺の森を抜けて本殿へと向かい、神前に供物を献上する。

10時〜 ｜ 観覧自由

15日

路頭の儀
きょうと ごしょ しもがもじんじゃ かみがもじんじゃ
京都御所〜下鴨神社〜上賀茂神社

勅使代や斎王代をはじめ、宮廷装束
の総勢500余名、牛馬、牛車や風流
傘など、約8kmにもわたる大行列が
京都御所を出発した後、下鴨神社を
経て上賀茂神社へ向かう。

京都御所
京都市上京区京都御苑3 ｜ MAP-A
地下鉄烏丸線今出川駅から徒歩5分
10時30分〜 ｜ 観覧自由（有料観覧席あり）

15日

社頭の儀
しゃとう ぎ
下鴨神社・上賀茂神社

路頭の儀を経て到着した行列が両社
で行う社頭の儀は、五穀豊穣、天下
泰平をお祈りする神事。勅使による祭
文の奏上・幣物の奉納や神禄の授与、
また神馬の牽き廻し（牽馬の儀）、舞人
による「東游」の奉納などさまざまな
祭礼が行われる。

下鴨神社 12時頃〜14時頃、
上賀茂神社 15時30分頃
観覧自由（有料観覧席あり）

路頭の儀・行列参進マップ

通過時間の目安

10:30	京都御所出発	14:20	下鴨神社出発
11:40	下鴨神社到着	15:30	上賀茂神社到着

4月末から5月中旬

春の大原女まつり
大原一帯
<small>はる　おはらめ</small>
<small>おおはらいったい</small>

4月末から5月中旬にかけて、新緑の大原
一帯では大原女まつりが行われる。期間内
最初の土曜日には、中世から現代までの大
原女装束をまとった大原女時代行列が勝林
院から寂光院まで巡行する。大原女衣装の
貸出があるので、観光客も行列に加わるこ
とができる。

京都市左京区大原 ｜ MAP-E
京都バス大原停留所からすぐ
大原女時代行列 13時〜 ｜ 観覧自由

1日

鴨川の川床開き
（かもがわ）（かわゆかびらき）

鴨川沿い
（かもがわ ぞ）

京都の夏の風物詩・鴨川納涼床の床
開きは毎年5月1日に行われる。東山
を望む二条から五条までの鴨川沿い
の料理屋が、川面に木組みの座敷を
設けて夏の風情を楽しむ納涼床。こ
の日は芸舞妓が花を添え、祇園囃子
が聞こえる中、馴染み客でおおいに賑
わう。

二条大橋から五条大橋までの鴨川
MAP-A ｜ 京阪鴨東線三条駅・京阪本線祇
園四条駅などからすぐ ｜ 営業時間は各店舗
による

1日～4日

千本ゑんま堂大念仏狂言
（せんぼん）（どうだいねんぶつきょうげん）

千本ゑんま堂引接寺
（せんぼん）（どういんじょう じ）

ゑんま堂保存会によって催される京の
三大念仏狂言のひとつで、開山・定覚
上人がはじめた大念仏法会が起源と
伝わる行事。最初に演じられる演目「え
んま庁」は、閻魔法王への奉納・感
謝の気持ちをあらわした特有の演目で、
狩野永徳筆「洛中洛外図屏風」にも
この様子が描かれている。

京都市上京区千本通蘆山寺上ル閻魔前町34
MAP-A ｜ 市バス千本鞍馬口停留所から徒歩
2分 ｜ 5月1日・2日は19:00～21:00、3・4日は
13:00～17:00、18:00～21:00
観覧自由

1日〜5日

ふじのもりまつり
藤森祭

ふじのもりじんじゃ
藤森神社

菖蒲の節句発祥の神社としても知られ、勝運をもたらす神様として広く信仰されてきた藤森神社で、5月1日から5日間にわたって行われる藤森祭。最大の見どころは最終日午後に行われる駈馬（かけうま）神事で、逆乗りや藤下がり、一字書きなどアクロバティックな馬術を競い合う。

京都市伏見区深草鳥居崎町609 ｜ MAP-B
JR奈良線JR藤森駅から徒歩5分
駈馬神事 5日13時〜、15時〜 ｜ 観覧自由

八 十八夜

八十八夜茶摘み
宇治茶会館ほか

立春から数えて88日目にあたる八十八夜の日は、春から夏に移る縁起のいい日とされ、苗代の籾蒔きや茶摘みの吉日ともされる。茶の名産地である宇治では、八十八夜に新茶の初摘みの体験や新茶を味わうことができるイベントが催され、多くの観光客で賑わう。

宇治市宇治折居25-2｜京阪宇治線宇治駅・JR奈良線宇治駅からシャトルバスあり
10時～15時｜観覧自由

2 日～ 4 日

神泉苑祭
神泉苑

宵宮が行われる5月2日の午後、大般若経六百巻転読祈願法要が営まれた後、夜には「よかろう太鼓」が奉納される。3日は善女龍王社の前で祭典が行われ、船上にて雅楽の奉納されると、夕刻からは続く水干に立烏帽子姿の静御前が登場し、法成橋の上で艶めかしく舞う。

京都市中京区御池通神泉苑町東入
MAP-A｜市バス神泉苑前停留所からすぐ
9時～20時｜観覧自由

4日・5日
<small>はちだいじんじゃたいさい</small>
八大神社大祭
<small>はちだいじんしゃ</small>
八大神社

2日間にわたって行われる八大神社の大祭。4日夜の宵宮祭では、一切無言、無灯で、神輿に御神体が遷されると、神輿の飾提灯や焚火などが一斉に点灯され、太鼓の合図で神輿が担がれて巡行する。5日の神幸祭では朝から神幸列や剣鉾、大小7基の神輿が氏子地域をそれぞれ巡行し、最後に神社へ還御する。

京都市左京区一乗寺松原町1 ｜ MAP-A
市バス一乗寺下り松町停留所から徒歩7分
4日 18時30分〜、5日 9時〜 ｜ 観覧自由

4日・5日
<small>さぎのもりじんじゃれいたいさい</small>
鷺森神社例大祭
<small>さぎのもりじんじゃ</small>
鷺森神社

菅笠・紅だすき姿の小学生男子が「さんよれ、さんよれ」と掛け声をあげて練り歩く神幸列が特徴で、「さんよれ祭」とも呼ばれる。4日宵宮祭、5日神幸祭が行われ、両日とも境内で舞楽が奉納される。5日には赤山禅院を出発した神幸列が氏子地域を鷺森神社まで巡行する。

京都市左京区修学院宮ノ脇町16 ｜ MAP-A
市バス修学院道停留所から徒歩10分
宵宮祭 16時30分〜、神幸祭 10時〜、
還幸祭 14時30分〜 ｜ 観覧自由

5日

泰山府君祭・端午大護摩供
赤山禅院

端午の節句に赤山禅院では、比叡山千日回峰行を満行した大阿闍梨による「災厄除去・病魔退散」の大護摩供が営まれる。大般若経の転読や御詠歌の奉納も行われる。

京都市左京区修学院開根坊町18 | MAP-A
市バス修学院離宮道停留所から徒歩15分
9時〜15時 | 観覧自由

5日〜15日に近い日曜

（いまみやまつり）
今宮祭
（いまみやじんじゃ）
今宮神社

平安時代、疫病鎮静を願って営まれた紫野御霊会を起源とする祭礼。神輿や剣鉾などが約800人の大行列で西陣をはじめとする氏子地域を巡幸し、列を迎える人々で賑わう。祭りは5日の神幸祭にはじまり、御旅所で斎行される湯立祭を経て、5月中旬の還幸祭まで続く。

京都市北区紫野今宮町21 ｜ MAP-A
市バス船岡山停留所から徒歩7分
神幸祭 5日13時〜16時頃、湯立祭 14時〜（日程未定）、還幸祭 15日に近い日曜13時〜19時頃
参拝自由

8日

（やまかげじんじゃれいさい）
山蔭神社例祭
（よしだじんじゃ）
吉田神社

吉田神社の境内にある山蔭神社は、あらゆる食物を初めて調理調味づけた始祖とされる藤原山蔭卿を祀り、古来庖丁の神、料理、飲食の祖神として信仰をあつめる。鎮座を記念する例祭では、生間（いかま）流の包丁式が奉納される。

京都市左京区吉田神楽岡町30 ｜ MAP-A
市バス京大正門前停留所から徒歩5分
14時〜 ｜ 観覧自由

13日

いちひめじんじゃしゅんきたいさい
市比賣神社春季大祭
いちひめじんじゃ
市比賣神社

藤原経清・源為家が神社境内で「競弓（くらべゆみ）」を行ったという故事にちなむ大祭。日本全土の安泰と五穀豊穣を祈る祭礼で、参拝者には「霊爾（れいじ）の幸の御札」が授与される。

京都市下京区河原町通五条下ル一筋目西入
MAP-A ｜ 市バス河原町五条停留所から徒歩5分
13時〜 ｜ 観覧自由

第2日曜とその前日

かんだいじんじんじゃれいさい
菅大臣神社例祭
かんだいじんじんじゃ
菅大臣神社

菅原道真公邸跡と伝えられる菅大臣神社では、毎年5月に菅公を偲ぶ祭が開催される。前日の宵宮祭では14時から山伏のお練りがあり、境内で護摩木が焚かれる。例祭当日は拝殿にて茂山千五郎社中による狂言奉納があり、参拝者は自由に鑑賞できる。

京都市下京区仏光寺通新町西入菅大臣町
MAP-A ｜ 市バス西洞院仏光寺停留所から
徒歩2分 ｜ 宵宮祭の山伏お練り・護摩供
14時〜・例祭当日の狂言奉納 14時〜
観覧自由

第2日曜

新日吉祭
いまひえまつり

新日吉神宮
いまひえじんぐう

全国的にも大変珍しい神仏習合の形で行われる、850年もの歴史を持つ祭。神幸出立祭では神職による祝詞と妙法院門跡の読経が行われ、その後に鳳輦を中心に幸御鉾、稚児武者などの行列が氏子地域を練り歩く。

京都市東山区妙法院前側町451-1 ｜ MAP-B
市バス東山七条停留所から徒歩5分 ｜ 12時〜
観覧自由

満月の夜

五月満月祭（うえさくさい）
鞍馬寺（くらまでら）

5月の満月からはひときわ強いエネルギーが注がれるとされ、この日、鞍馬寺では本殿前庭で「心のともし灯（ろうそく）」に灯をともし、満月に清水を捧げる。参拝者はすべての平安と魂のめざめをともに祈る心構えで向かわなければならない。

京都市左京区鞍馬本町1074 ｜ MAP-E ｜ 叡電鞍馬線鞍馬駅から徒歩3分（仁王門まで）
19時〜 ｜ 愛山費 300円

中旬の日曜

松尾祭還幸祭
<small>まつのおまつりかんこうさい</small>
松尾大社
<small>まつのおたいしゃ</small>

4月下旬に行われた神幸祭（おいで）から21日目の日曜日、3つの御旅所に遷座していた松尾七社の神様が本社にかえる還幸祭は通称「おかえり」と呼ばれる。氏子間で「まつり」といえばこの松尾祭（神輿渡御祭）の還幸祭を意味し、17時30分頃から6基の神輿と1基の唐櫃（からびつ）が続々と本社に戻ってくる。葵と桂を飾るため、「松尾の葵祭」「西の葵祭」とも呼ばれる。

京都市西京区嵐山宮町 ｜ MAP-D ｜ 市バス・京都バス松尾大社前停留所からすぐ ｜ 7時45分〜19時 ｜ 観覧自由

18日

ごりょうまつり とぎょのぎ
御霊祭渡御之儀
ごりょうじんじゃ　かみごりょうじんじゃ
御霊神社（上御霊神社）

史上最古の御霊会（ごりょうえ）が起源と
言われる行事。1日の神幸祭では社頭之儀、
18日の還幸祭では渡御之儀（神輿の巡幸）
が行われる。渡御之儀では、まず社頭での
祭典の後、祭列が出御。3基の剣鉾、御所
車、3基の神輿などが練り歩き、京都御所
や氏子地域を巡幸して再び神社に戻ってく
る。また、5日と12日に氏子町の子供神輿
巡行、17日には宵宮がある。

京都市上京区上御霊前通烏丸東入上御霊竪町495
MAP-A ｜ 地下鉄烏丸線鞍馬口駅から徒歩3分
11時30分〜、神輿巡幸 13時〜 ｜ 拝観料 500円

第3日曜

三船祭
みふねまつり

大堰川
おおいがわ

車折（くるまざき）神社例祭の延長神事として、昭和御大典の折に昭和3年より始められた祭で、昌泰元年（898年）に宇多上皇が大堰川で船遊びをしたという故事にちなむ。大堰川上流に御座船や龍頭船などが浮かべられ、平安装束に身を包んだ人々が雅楽の演奏や今様の奉納など、さまざまな伝統芸能を披露する。また、清少納言による扇流しも見所のひとつ。

京都市右京区大堰川渡月橋上流 ｜ MAP-D
JR嵯峨野線嵯峨嵐山駅から徒歩15分 ｜ 13時頃
〜15時頃（清少納言道中は12時30分〜）
観覧自由

第3日曜か第4日曜

<ruby>下<rt>しも</rt></ruby><ruby>御<rt>ご</rt></ruby><ruby>霊<rt>りょう</rt></ruby><ruby>神<rt>じん</rt></ruby><ruby>社<rt>じゃ</rt></ruby><ruby>還<rt>かん</rt></ruby><ruby>幸<rt>こう</rt></ruby><ruby>祭<rt>さい</rt></ruby>
下御霊神社還幸祭
<ruby>下<rt>しも</rt></ruby><ruby>御<rt>ご</rt></ruby><ruby>霊<rt>りょう</rt></ruby><ruby>神<rt>じん</rt></ruby><ruby>社<rt>じゃ</rt></ruby>
下御霊神社

中世に盛大な祭儀の様子が記録されている古式の祭礼で、御祭神を乗せた鳳輦や神輿を氏子が迎え、送り出すことで疫払いをし、地域の安泰を祈願する。神輿巡幸の際、途中で神輿の差し上げや剣鉾の鉾差しが行われるほか、前日には宵宮祭がある。また、拝殿には大宮神輿と若宮神輿と子供みこしが置かれており、大宮神輿は土台が全国でも最大級といわれる。

京都市中京区寺町通丸太町下ル ｜ MAP-A
市バス河原町丸太町停留所から徒歩2分
10時～ ｜ 観覧自由

30日

御懺法講
三千院

保元2年（1157年）、後白河天皇が行った宮中御懺法講が起源とされる三千院の御懺法講。懺法とは、無意識の内につくった悪行を懺悔し、心の中にある「むさぼり・怒り・愚痴」の三毒をとり除き、心を清らかにする行い。この法要は声明と雅楽が合わさった形式で、声明懺法とも呼ばれる。

京都市左京区大原来迎院町540 │ MAP-E
京都バス大原停留所から徒歩10分
11時～ │ 拝観料 500円

下 旬の日曜

京都祇園
八坂神社御田祭
尾長野八坂神社

京丹波町の尾長野八坂神社で行われる神事。編笠に紅白の着物をまとった早乙女8人が、雅楽の調べと巫女の八坂舞に合わせて苗を植える。育った稲は、京都八坂神社の神米として、また稲束は祇園祭の際に本殿に掲げられる大注連縄として奉納される。

船井郡京丹波町下山下地100 │ JR山陰線
下山駅から徒歩20分 │ 10時～ │ 観覧自由

ANOTHER EVENT   5月 その他の行事

1～24日	かもがわ 鴨川をどり	ぽんとちょうか ぶ れんじょう 先斗町歌舞練場
3日	いなりさいかんこうさい 稲荷祭遷幸祭	ふしみいなりたいしゃ 伏見稲荷大社
3日	たぬきだにさんだいはんにゃきがんえ 狸谷山大般若祈願会	たぬきだにさん ふ どういん 狸谷山不動院
3日	かめおかみつひで 亀岡光秀まつり	かめおかじょうか まちしゅうへん 亀岡城下町周辺
5日	いまくまの じんじゃれいたいさい 新熊野神社例大祭	いまくまの じんじゃ 新熊野神社
5日	ほうのうえん ぶ たいかい 奉納演武大会	しらみねじんぐう 白峯神宮
5日	じ しゅまつ 地主祭り	じ しゅじんじゃ 地主神社
5日	おんぞさい 御衣祭	や さかじんじゃ 八坂神社
5日	や せ まつり 八瀬祭	や せ てんまんぐうしゃ 八瀬天満宮社
10日	しゅんきこんぴ らたいさい 春季金比羅大祭	やすいこんぴ らぐう 安井金比羅宮
13日	ほうしょういちじょうりゅうほうのうしき 庖勝一條流奉納式	とくじょうみょういん 得浄明院
第3日曜	しんこうさい 神幸祭	なぎじんじゃ 梛神社
23日	かいざんき 開山忌	きよみずでら 清水寺
28日	なりひらき 業平忌	じゅうりんじ 十輪寺

etc.

⑥

June

六月─水無月

EVENT CALENDER イベントカレンダー

	1	2	3	4	5	6	7	8	9	10	11	12	13	14

貴船祭〈貴船神社〉 ○ (1)

歯供養〈ぬりこべ地蔵〉 ○ (4)

あがた祭〈縣神社〉 → (5→)

紀州梅道中〈下鴨神社・上賀茂神社〉 ○ (6)

祇園放生会〈巽橋〉 …… 第1日曜 ……

折上稲荷祭〈折上稲荷神社〉 …… 第1日曜 ……

大幣神事〈縣神社〉 ○ (5)

田植祭〈伏見稲荷大社〉 ○ (10)

神苑無料公開〈平安神宮〉 …… 上旬 ……

嵐山若鮎祭〈京都府立嵐山公園〉 …… 第2木曜

蛍火の茶会〈下鴨神社〉 …… 第2土曜

御神楽奉納〈八坂神社〉 ○ (14)

氷室神社例祭〈氷室神社〉 …… 15日の前の日曜

	1	2	3	4	5	6	7	8	9	10	11	12	13	14

15 16 17 18 19 20 21 22 23 24 25 26 27 28 29 30

○ 白雲神社例祭〈白雲神社〉

○ 山門懺法会〈妙心寺〉

○ 竹伐り会式〈鞍馬寺〉

声明と三弦を聞く会〈十輪寺〉 …… 第3日曜 ……

御誕辰祭〈北野天満宮〉 ○

夏越大祓〈野宮神社〉 ○

夏越の大祓式〈貴船神社〉 ○

夏越大祓式〈上賀茂神社〉 ○

夏越大祓〈吉田神社〉 ○

京都五花街合同公演「都の賑い」〈祇園甲部歌舞練場〉

…… 下旬の土曜・日曜 ……

15 16 17 18 19 20 21 22 23 24 25 26 27 28 29 30

1日

きふねまつり
貴船祭
きふねじんじゃ
貴船神社

新緑の美しい貴船川沿いを、軽快なお囃子の調べにのって金色の神輿が巡行する貴船祭。かつて春と秋に行われていた「貴布禰御更祭」を起源とし、舞楽や出雲神楽の奉納のほか、一般拝観者も参加できる子ども千度詣りなど、楽しみどころも多い。

京都市左京区鞍馬貴船町180 │ MAP-E
京都バス貴船停留所から徒歩5分
11時〜 │ 観覧自由

4日

歯供養
ぬりこべ地蔵

歯痛封じのご利益があるといわれるぬりこべ地蔵には、歯痛が治るとして塗り箸を納める風習があった。歯供養は6月4日の「歯の日」に合わせて行われる法要で、法要後、ハブラシ、おかきが配られる。

京都市伏見区深草藪之内町27 ｜ MAP-B
京阪本線深草駅・JR奈良線稲荷駅から
徒歩5分 ｜ 10時30分〜 ｜ 観覧自由

5日・6日未明

あがた祭
縣神社

「暗闇の奇祭」として有名なあがた祭。御幣の一種・梵天を神輿として担ぐ「梵天渡御」がその異名の由来で、周囲の民家がすべて灯りを落とした午前0時に、暗闇の境内で厳かに神霊が還される。梵天は横ぶり、縦ぶり、さし上げ、ぶんまわしなどと呼ばれる手法で振り回される。

宇治市宇治蓮華72
JR奈良線宇治駅から徒歩10分
23時〜 ｜ 観覧自由

6日

き しゅう うめ どう ちゅう
紀州梅道中
しも がも じんじゃ　 かみ が も じんじゃ
下鴨神社・上賀茂神社

梅を賀茂別雷大神に奉納して祈ったという
故事から、「梅の日」に制定された6月6日、
下鴨神社と上賀茂神社では和歌山の梅を
神前に奉納する紀州梅道中が行われる。「梅
の日」が誕生した2006年に始まった行事
で、平安装束をまとった行列が両社を参進
し、祭神に梅を奉納する。

下鴨神社
京都市左京区下鴨泉川町59 ｜ MAP-A
市バス下鴨神社前停留所からすぐ
10時30分〜 ｜ 観覧自由

上賀茂神社
京都市北区上賀茂本山339 ｜ MAP-A
市バス上賀茂神社前停留所からすぐ
13時頃〜 ｜ 観覧自由

第 1 日曜

祇園放生会
（ぎおんほうじょうえ）
巽橋
（たつみばし）

生き物への感謝の意を込めて執り行われる放生会は、祇園の初夏の風物詩。比叡山の大阿闍梨による法要を終えると、比叡山の回峰行者や舞妓らの手によって、約2000匹の稚魚が祇園・巽橋の上から白川へと放流される。その後、一般参加者による放生も行われ、界隈は一時人だかりとなる。

京都市東山区花見小路通新橋西入 ｜ MAP-A
京阪本線祇園四条駅から徒歩7分
11時〜 ｜ 観覧自由

第 1 日曜

折上稲荷祭
（おりがみいなりさい）
折上稲荷神社
（おりがみいなりじんじゃ）

働く女性の守り神として知られる折上稲荷神社。神輿巡行では、女性禁制の多い神輿に男性に混じって女性も担ぎ手として活躍するほか、子ども神輿は三九郎稲荷の神輿で、子どもがきつねの面を付けて一緒に巡行する。前日は宵宮祭で、この2日間限定で何倍もの御利益があるといわれる稲荷祭きつね折り上げ守りが授与される。

京都市山科区西野山中臣町25
京阪バス折上神社前停留所からすぐ
13時〜 ｜ 観覧自由

8日

たいへいしんじ
大幣神事
あがたじんじゃ
縣神社

あがた祭の興奮冷めやらぬ8日、宇治の人々から「大幣さん」と慕われる大幣神事が行われる。3本の黄色い傘と松の枝を挿した大幣に厄を集めるため、神事を行いながら大幣と昔装束の行列が町を巡る。大幣は神社に帰ると地面に叩きつけられて壊され、宇治川に投げ捨てられる。大幣を見守る騎馬神人や風流傘など行列の様子に、古式の祭礼の面影が見られる。

宇治市宇治蓮華72 | JR奈良線宇治駅から徒歩10分 | 10時頃～ | 観覧自由

10日

田植祭
伏見稲荷大社

4月の水口播種祭で蒔いた籾種から
育った苗を、100坪ほどの神田に植え
て五穀豊穣を祈る神事。笛やひちりき
の音が鳴り響く中、伏見稲荷大社境内
の神田に菅笠姿の早乙女らが早苗を
ていねいに植えていく。順調に育った
稲穂は、10月25日に行われる抜穂祭
で刈り取られる。

京都市伏見区深草藪之内町68 ｜ MAP-B
JR奈良線稲荷駅からすぐ ｜ 13時〜 ｜ 参拝自由

上旬

神苑無料公開
平安神宮

明治を代表する日本庭園・平安神宮
神苑が、花菖蒲が見ごろとなる6月の
上旬に無料で一般公開される。7代目
小川治兵衛（おがわじへえ）によって作
庭された名庭と、咲き誇る花菖蒲が同
時に楽しめる貴重な機会。

京都市左京区岡崎西天王町 ｜ MAP-A
市バス岡崎公園 美術館・平安神宮前停留所
から徒歩5分 ｜ 8時30分〜16時30分まで
観覧自由

第2木曜

あらしやまわかあゆさい
嵐山若鮎祭
きょうと ふ りつあらしやまこうえん
京都府立嵐山公園

保津川の鮎の解禁に合わせて行われる、若鮎の試食会。事前に往復はがきで申込めば、嵐山活鮎の塩焼き1尾とノンアルコールビール1缶がもらえる。応募多数の場合は抽選。

京都市右京区嵯峨中ノ島町 ｜ MAP-D ｜ 市バス
嵐山停留所から徒歩4分 ｜ 10時30分〜13時
観覧自由

第2土曜

ほたる び　　　ちゃかい
蛍火の茶会
しもがもじんじゃ
下鴨神社

6月の風物詩、蛍を眺めながらの風雅な茶会。明治時代に催されていた納涼茶席を再興し、平成3年より毎年開催されている。約600匹の蛍が御手洗川に放たれるほか、十二単の舞も必見。

京都市左京区下鴨泉川町59 ｜ MAP-A
市バス下鴨神社前停留所からすぐ
17時〜20時30分（蛍の解放は20時頃）
参加費 2,000円（要申込）

14日

<ruby>御神楽奉納<rt>み かぐら ほうのう</rt></ruby>
<ruby>八坂神社<rt>や さかじんじゃ</rt></ruby>

八坂神社の祭神・素戔嗚尊ゆかりの日に行われる例祭の前日に行われる御神楽の奉納。庭燎が灯された舞殿では、神事に続いて弥栄雅楽会による神楽「人長の舞」が恭しく奉納される。なお、15日の例祭では同会により「東遊（あずまあそび）」が奉納される。

京都市東山区祇園町北側625 ｜ MAP-A
市バス祇園停留所からすぐ ｜ 19時30分〜
観覧自由

15日の前の日曜

氷室神社例祭
ひ むろじんじゃれいさい

氷室神社
ひ むろじんじゃ

田植えを終えたこの時期に、氷室神社では神前に山のものや海のものを供え、神主によって無病息災や秋の豊作が祈願される。氷室神社がかつて宮中に氷を供御していたことから、製氷関係者も参拝に訪れる。

京都市北区西加茂氷室町 ｜ 市バス鷹峯源光庵前停留所から徒歩約90分 ｜ 11時～観覧自由

15日

白雲神社例祭
しらくもじんじゃれいさい

白雲神社
しらくもじんじゃ

京都御苑の西南に位置し、旧西園寺家の鎮守社である白雲神社では、毎年6月15日に例祭が行われる。地域の安全と繁栄を祈願して神事が執り行われた後、白拍子と茂山千五郎家による狂言が奉納される。

京都市上京区京都御苑内 ｜ MAP-A
地下鉄烏丸線丸太町駅から徒歩9分
13時～ ｜ 観覧自由

18日

山門懺法会
さんもんせんぼうえ
妙心寺
みょうしんじ

自分の罪業を観世音菩薩に懺悔し、救いを求める儀式作法のことを観音懺法といい、妙心寺には全山の僧侶が集まり大法要が行われる。十六羅漢などが祀られる山門の楼上で行われるため、普段非公開の山門内部が拝観できる貴重な機会でもある。

京都市右京区花園妙心寺町1 ｜ MAP-D
市バス・京都バス妙心寺前停留所から
徒歩3分 ｜ 9時～10時 ｜ 拝観料 300円

20日

竹伐り会式
たけきりえしき
鞍馬寺
くらまでら

水に感謝して本殿金堂前で行われる儀式。長さ4m、太さ10cmの青竹を大蛇に見立て、僧兵姿の鞍馬法師が「近江」「丹波」の両座に分かれて伐る早さを競い、両地方の一年の豊凶を占う。

京都市左京区鞍馬本町1074 ｜ MAP-E
叡電鞍馬線鞍馬駅から徒歩3分（仁王門まで）
14時～ ｜ 愛山費 300円

第 3日曜
声明と三弦を聞く会
十輪寺

業平寺（なりひらでら）とも呼ばれる十輪寺の恒例行事で、仏典に節をつけた声明と、三弦の音色を堪能できる。邦楽のルーツといわれる仏教音楽を楽しむと同時に、日本民謡の源流を学べる文化的講座。

京都市西京区大原野小塩町481 ｜ 阪急バス小塩停留所からすぐ ｜ 13時〜 ｜ 拝観料1,000円（テキスト付）

25日
御誕辰祭
北野天満宮

夏越大祓に先んじて行われる 25日の御誕辰祭は、「夏越天神」ともいわれる御祭神・菅原道真公の誕生日の祭典で、前夜から神社に参籠して身を清めた神職が厳粛に執り行う。また、真夏を迎えるにあたって無病息災を願う「大茅の輪くぐり」が行われ、楼門に設けられた「大茅の輪」は直径約 5mで、京都最大といわれる。

京都市上京区馬喰町 ｜ MAP-A ｜ 市バス北野天満宮前停留所からすぐ ｜ 大茅の輪くぐり 5時30分〜観覧自由

30日

な ごしのお お はらえ
夏越大祓
ののみやじんじゃ
野宮神社

『源氏物語』の世界にも記された黒木の鳥
居が、平安の風情を今に伝える野宮神社。
同社を特徴づけるこの鳥居に据えられた茅
の輪をくぐって、罪穢れを祓い清める夏越
の神事。社務所で人形（ひとがた）をいた
だき、穢れを移して納めると、焚き上げて
厄祓いをしてもらえる。 なお、野宮神社の
茅の輪は 6 月下旬から設置されている。

京都市右京区嵯峨野宮町1 ｜ MAP-D
JR嵯峨野線嵯峨嵐山駅から徒歩10分
神事 15時〜 ｜ 観覧自由

30日
夏越の大祓式
なごし　おおはらえしき
貴船神社
きふねじんじゃ

6月と12月の年2回斎行される大祓式の内、6月の夏越祓は「水無月祓」とも呼ばれ、過去半年間の罪や穢を祓うとともに向こう半年間の無病息災を祈願する。貴船神社では、神職が大祓詞を唱えた後、茅の輪くぐり神事、全国の崇敬者から届けられた人形（ひとがた）を川に流し祓い浄める「大川路の儀」が行われる。

京都市左京区鞍馬貴船町180 ｜ MAP-E
京都バス貴船停留所から徒歩5分
15時〜 ｜ 観覧自由

30日
夏越大祓式
なごしのおおはらえしき
上賀茂神社
かみがもじんじゃ

上賀茂神社の夏越大祓は『百人一首』にも詠まれている古来の祭事。10時より茅の輪くぐり初めをはじめとする夏越神事が斎行されるほか、20時からは橋殿において宮司が中臣祓詞を唱え、全国の崇敬者から罪穢を託された人形（ひとがた）を「ならの小川」に投流し、祓を行う人形流しが行われる。式中は篝火が焚かれ、粛々と儀式が進められる。

京都市北区上賀茂本山339 ｜ MAP-A
市バス上賀茂神社前停留所からすぐ
人形流し 20時〜 ｜ 観覧自由

30日

夏越大祓
吉田神社

京都市内のいたるところで夏越の茅の輪く
ぐりが行われる中、吉田神社の夏越大祓で
は厄を託された人形（ひとがた）を焼納し
た後、例年約1000人の参拝者とともに「夏
越の歌」を唱えながら茅の輪を3度くぐる。
神事終了の後、人形を奉納した参列者には
厄除け「茅の輪」が授与される。

京都市左京区吉田神楽岡町30 ｜ MAP-A
市バス京大正門前停留所から徒歩5分
16時～ ｜ 観覧自由
※写真の茅の輪は例年の設置場所とは異なる

下旬の土曜・日曜

京都五花街合同公演「都の賑い」
祇園甲部歌舞練場

祇園甲部、宮川町、先斗町、上七軒、
祇園東の五つの花街の芸舞妓約80名
が一堂に会して舞を披露する絢爛豪
華な合同公演。舞妓20名による「舞
妓の賑い」は呼び物のひとつ。

京都市東山区四条花見小路下ル ｜ MAP-C
京阪本線祇園四条駅から徒歩5分
午前の部 11時～、午後の部 14時30分～
観覧料 5,000円～

ANOTHER EVENT　6月 その他の行事

1日	雷 除大祭 かみなりよけたいさい	北野天満宮 きた の てんまんぐう
1・2日	京都薪能 きょうと たきぎのう	平安神宮 へいあんじんぐう
2日	信長忌 のぶながき	阿弥陀寺 あ み だ じ
10日	御田植祭 お た うえさい	上賀茂神社 かみ が も じんじゃ
上旬の土・日曜	京都吉田山大茶会 きょうと よし だ やまだいちゃかい	吉田神社 よし だ じんじゃ
6月上旬〜7月上旬	半夏生の庭園特別公開 はん げ しょう ていえんとくべつこうかい	両足院 りょうそくいん
15日	弘法大師降誕会 こうぼうだい し ごうたん え	東寺 とう じ
15日	八坂神社例祭 や さかじんじゃれいさい	八坂神社 や さかじんじゃ
中旬の土曜・日曜	和泉式部忌法要 いず み しき ぶ き ほうよう	誓願寺 せいがん じ
中旬〜下旬	沙羅の花を愛でる会 さ ら はな な め かい	東林院 とうりんいん
6月中旬〜7月中旬	あじさい祭り	三千院 さんぜんいん
6月下旬〜9月下旬	宇治川鵜飼開き う じ がわう かいびら	宇治川 う じ がわ
第4土曜・日曜	あじさいまつり	楊谷寺 ようこく じ
吉日	鎮護八幡神火祭 ちん ご はちまんしん か さい	石清水八幡宮 いわ し みずはちまんぐう

etc.

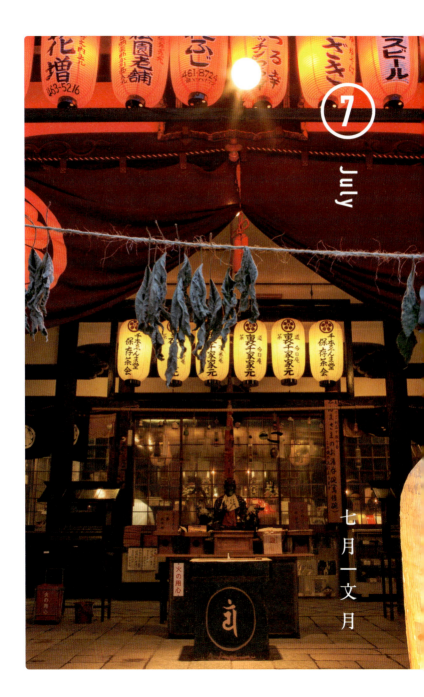

⑦

July

七月一文月

EVENT CALENDER　イベントカレンダー

	1	2	3	4	5	6	7	8	9	10	11	12	13	14

ぎ おんまつり　や さかじんじゃ　かく やまほこちょう
祇園祭〈八坂神社・各山鉾町〉　○─────

く じとりしき　きょうと し やくしょ
鬮取式〈京都市役所〉　○

なぎなたほこ ち ご まい ひ ろう　なぎなたほこちょう
長刀鉾稚児舞披露〈長刀鉾町〉　○

み こ し あらいしき　や さかじんじゃ　し じょうおおはし
神輿洗式〈八坂神社〜四条大橋〉　○┈┈ 10日・28日 ┈┈┈┈

く ぜ ち ご しゃさん　や さかじんじゃ
久世稚児社参〈八坂神社〉　○

よいやま　かく やまほこちょう
宵山〈各山鉾町〉　○─────

あいしゃ　ち わ　じょうなんぐう
愛車の茅の輪くぐり〈城南宮〉　○──────→

かざまつ　せんぼん　どういんじょうじ
風祭り〈千本ゑんま堂引接寺〉　○

う かい　おお い がわ
嵐山の鵜飼〈大堰川〉　○

き ふね　みず　きふねじんじゃ
貴船の水まつり〈貴船神社〉　○

たなばた　まつのおたいしゃ
七夕まつり〈松尾大社〉　○

せいだいみょうじんれいさい　しらみねじんぐう
精大明神例祭〈白峯神宮〉　○

おん だ さい　まつ お じんじゃ
御田祭〈松尾神社〉　┈┈┈ 第1日曜 ┈┈┈

	1	2	3	4	5	6	7	8	9	10	11	12	13	14

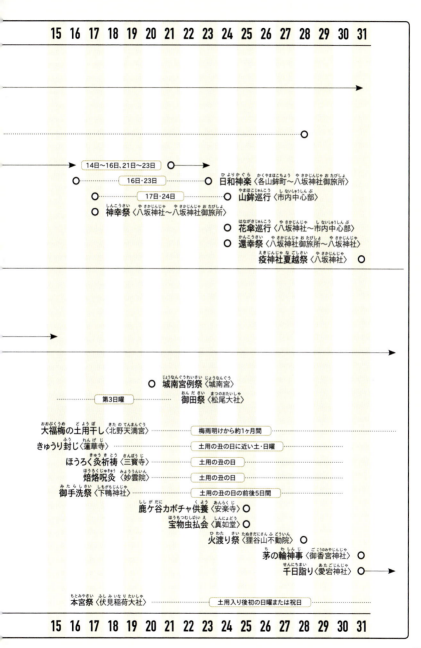

15 16 17 18 19 20 21 22 23 24 25 26 27 28 29 30 31

| 14日〜16日、21日〜23日 |
| 16日・23日 | 日和神楽〈各山鉾町〜八坂神社御旅所〉 |
| 17日・24日 | 山鉾巡行〈市内中心部〉 |
| 神幸祭〈八坂神社〜八坂神社御旅所〉 |
| 花傘巡行〈八坂神社〜市内中心部〉 |
| 還幸祭〈八坂神社御旅所〜八坂神社〉 |
| 疫神社夏越祭〈八坂神社〉 |

城南宮例祭〈城南宮〉

第3日曜 御田祭〈松尾大社〉

大福梅の土用干し〈北野天満宮〉 梅雨明けから約1ヶ月間
きゅうり封じ〈蓮華寺〉 土用の丑の日に近い土・日曜
ほうろく灸祈祷〈三寶寺〉 土用の丑の日
焙烙呪灸〈妙雲院〉 土用の丑の日
御手洗祭〈下鴨神社〉 土用の丑の日の前後5日間
鹿ケ谷カボチャ供養〈安楽寺〉
宝物虫払会〈真如堂〉
火渡り祭〈狸谷山不動院〉
茅の輪神事〈御香宮神社〉
千日詣り〈愛宕神社〉

本宮祭〈伏見稲荷大社〉 土用入り後初の日曜または祝日

15 16 17 18 19 20 21 22 23 24 25 26 27 28 29 30 31

1日～31日

祇園祭
ぎ おんまつり

八坂神社・各山鉾町
や さかじんじゃ　かくやまほこちょう

八坂神社
京都市東山区祇園町北側625 ｜ MAP-A
市バス祇園停留所からすぐ

八坂神社御旅所
下京区四条通寺町東入南側貞安前之町
MAP-A ｜ 阪急京都線河原町駅から徒歩2分

祇園祭はもともと祇園御霊会（ぎおんごりょうえ）と呼ばれ、その起源は平安時代にまで遡る。貞観11年（869年）、日本中に厄病が流行した際に、平安京の広大な庭園であった神泉苑に、当時の国の数にちなんだ66本の矛を立て、祇園の神を祀って厄災除去を祈願した。祭は次第に盛り上がりを見せ、室町時代には、各町に山や鉾が立つ現在のような姿になったと伝えられる。応仁の乱による中絶後の復興を経て、山鉾の装飾は豪奢を極め、今日のような町を挙げての大行事になった。

祇園祭と聞くと宵山や山鉾巡行を思い浮かべるが、7月1日からひと月にわたって行われる八坂神社と山鉾町にまつわる祭事のすべての総称が祇園祭。各山鉾町で祇園祭の無事を祈願し、諸事の打ち合わせが行われる吉符入（きっぷいり）を皮切りに、17日の前祭、24日の後祭、そして31日の夏越祭まで、さまざまな行事が矢継ぎ早に続いていく。

2日

鬮取式
くじとりしき
京都市役所
きょうと し やくしょ

山鉾巡行の順番を決めるため、山鉾
町の代表者が集まり、京都市長の立
ち会いのもと鬮を取る。この行事は明
応9年（1500年）、応仁の乱から祭り
が復活したときに始まったもの。鬮取
式後、各山鉾町の代表者は行事の無
事を祈って八坂神社に参拝する。な
お、長刀鉾のようにあらかじめ順番が
決まっている「鬮取らず」と呼ばれる
山鉾もある。

京都市中京区寺町通御池上ル上本能寺前町488 ｜ MAP-A
地下鉄東西線京都市役所前駅からすぐ ｜ 10時〜 ｜ 要申込

5日

長刀鉾稚児舞披露
なぎなたほこ ち ご まい ひ ろう
長刀鉾町
なぎなたほこちょう

長刀鉾の吉符入に合わせて、稚児が
「太平の舞」を町内にお披露目する恒
例行事。山鉾の中で唯一、人形では
ない生（いき）稚児が乗る長刀鉾では、
孔雀の羽根を飾った蝶蜻蛉の冠をか
ぶった稚児が、2階の窓から身を乗り
出して優雅に舞う。

京都市下京区長刀鉾町 ｜ MAP-A
地下鉄烏丸線四条駅・阪急京都線烏丸駅からすぐ
15時30分頃〜 ｜ 観覧自由

10日・**28**日

神輿洗式
みこしあらいしき

八坂神社〜四条大橋
やさかじんじゃ　しじょうおおはし

神幸祭と還幸祭の神輿渡御に向けた
神輿洗式は、神輿3基のうち祭神・
素戔嗚尊を祀る「中御座」の神輿を
清める儀式。列の前後に松明を点じて
神輿を担ぎ、四条大橋の上で神職が
神用水を振りかけて神輿を祓い清める。
20時30分頃に八坂神社に戻り、3基
の神輿が飾り付けられる。また、28
日は神社に戻った後、神輿庫に収めら
れる。

四条大橋 京都市川端町 ｜ MAP-A
京阪本線祇園四条駅からすぐ
18時〜 ｜ 観覧自由

13日

久世稚児社参
くぜちごしゃさん

八坂神社
やさかじんじゃ

久世駒形稚児は、八坂神社と縁の深い綾
戸國中（あやとくなか）神社の氏子の男児か
ら毎年2名が選ばれ、17日の神幸祭と24
日の還幸祭の神輿渡御で素戔嗚尊を祀る
神輿の行列に伴って廻る稚児。御神体であ
る馬の首を模した「駒形」を胸にかけた稚
児は神の化身とみなされ、長刀鉾稚児や皇
族でも乗り物から降りなければならない八
坂神社の境内にも馬に乗ったままで入るこ
とができる。

14時〜 ｜ 観覧自由

14日〜16日（前祭）
21日〜23日（後祭）

宵山
各山鉾町

前祭の宵山では、祇園囃子が高らかに鳴り響き、歩行者天国となった街に露店が軒を連ねる。一方、後祭の宵山はにぎやかな前祭と異なり、露店もなく落ち着いた雰囲気で、提灯に照らされた街並みが趣深い。また、前祭・後祭の宵山では、旧家や老舗が美術品や調度品を公開する屏風祭が盛んで、煌びやかな屏風をはじめ、着物や武具などの家宝が拝見できるのも祇園祭の楽しみのひとつ。

夕刻〜 ｜ 観覧自由

16日（前祭）、23日（後祭）

日和神楽
各山鉾町〜八坂神社御旅所

前祭宵山の16日と後祭宵山の23日、囃子方がある山鉾町では翌日の好天と巡行の無事を願って、御旅所で祇園囃子を奉納する日和神楽が行われる。提灯を取り付けた屋台車に太鼓や鉦を吊るし、道中も祇園囃子を奏でながら行列は進む。2つの山鉾町がすれ違う際には、微妙に違う祇園囃子が重なり合い、大変風情がある。

21時頃〜 ｜ 観覧自由

17日（前祭）、24日（後祭）

17日 9時〜、24日 9時30分〜 ｜ 観覧自由

山鉾巡行
やまほこじゅんこう
市内中心部
し ないしゅうしん ぶ

17日に行われる前祭の山鉾巡行は同日に行われる神幸祭の露払いの役割を担っており、鉾9基と山14基が市内中心部を巡行する。一方、24日の後祭の山鉾巡行も同様に、還幸祭の露払いとして鉾1基、山9基が、前祭とは順路を逆にして出発する。「動く美術館」とも呼ばれる山鉾は、国の重要有形民俗文化財、ユネスコの世界無形文化遺産にも登録されており、細部まで芸術品に飾られた壮麗な山車の一種。巡行最大の見せ場は、鉾が通りの角を曲がる辻廻しで、人の背丈よりも高い車輪の下に青竹を敷いて水をまき、「ソーレ」「エンヤラヤー」の掛け声に合わせて曳き手の男衆が縄を引くと、鉾は装飾品を揺らしながらゆっくりと回転していく。

巡行マップ

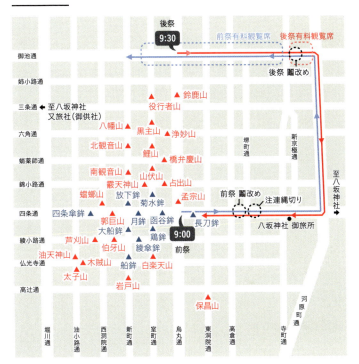

前祭

- ・巡行…7月17日
- ・宵山…7月14〜16日
- ・山鉾…長刀鉾、函谷鉾、鶏鉾、菊水鉾、
  月鉾、放下鉾、船鉾、岩戸山、保
  昌山、山伏山、占出山、霰天神山、
  郭巨山、伯牙山、芦刈山、油天神山、
  木賊山、太子山、白楽天山、綾傘鉾、
  蟷螂山、四条傘鉾、孟宗山

後祭

- ・巡行…7月24日
- ・宵山…7月21〜23日
- ・山鉾…大船鉾、北観音山、南観音山、鯉山、
  浄妙山、黒主山、役行者山、鈴鹿山、
  八幡山、橋弁慶山

17日

神幸祭
しんこうさい
八坂神社〜八坂神社御旅所
やさかじんじゃ　やさかじんじゃ お たびしょ

山鉾巡行を終えた17日の夕方、主祭神・素戔嗚尊、その妻・櫛稲田姫命、8人の子ども・八柱御子神をそれぞれ祀る3基の神輿が八坂神社を出発する。「ホイット、ホイット」という掛け声に合わせて、3基の神輿は氏子地域を渡御。八坂神社の石段下や交差点で行われる「差し上げ」「差し回し」では、担ぎ手により神輿が勇ましく担ぎ上げられ、回される。神輿は夜更けに御旅所に到着し、24日の還幸祭まで奉安される。

16時〜 ｜ 観覧自由

24日

花傘巡行
はながさじゅんこう
八坂神社〜市内中心部
やさかじんじゃ　し ないしゅうしん ぶ

かつて山鉾巡行が一日に統一された際、後祭の巡行に代わるものとして始まった花傘巡行。後祭が復活したいま、山鉾巡行とほぼ同時に行われる花傘巡行は、より一層の華を添える。花傘が乗った傘鉾を中心に、子ども神輿や獅子舞、芸舞妓を乗せた曳き車など、約1000人の行列が通りを彩る。八坂神社に戻った一行は、最後に本殿前で獅子舞、六斎念仏など、さまざまな芸能・舞踊を奉納する。

10時〜12時 ｜ 観覧自由

24日

かんこうさい
還幸祭
やさかじんじゃ お たびしょ　　　やさかじんじゃ
八坂神社御旅所〜八坂神社

夕刻、3基の神輿が御旅所を出発
し、それぞれ神幸祭とは異なる順路
を通って八坂神社へ向かう。途中、3
基の神輿は八坂神社の境外末社・又
旅社に立ち寄り、中御座神輿が神事
を執り行った後、順番に巡行をはじめ、
八坂神社に還されるのは深夜になっ
てから。灯りがすべて消された境内で、
静かに遷霊式が行われる。

16時〜 ｜ 観覧自由

31日

えきじんじゃ な ごしさい
疫神社夏越祭
や さかじんじゃ
八坂神社

ひと月に及ぶ祇園祭の最後を締めくくるの
は、八坂神社の境内摂社・疫神社の夏越祭。
初夏の京都の風物詩である茅の輪くぐりの
起源は、八坂神社の祭神・素戔嗚尊と蘇
民将来という男の逸話に由来する。疫病流
行の際、「蘇民将来子孫也」と記した護符
を持っている者は、疫病をまぬがれると誓
約された故事から、鳥居に大茅の輪を設け、
これを参拝者がくぐって厄気を祓い、「蘇
民将来子孫也」の護符を授かる。

10時〜 ｜ 観覧自由

祇園祭の主な行事日程

1日〜18日	吉符入（きっぷいり）	各山鉾町
1日	長刀鉾町御千度（なぎなたほこちょうおせんど）	八坂神社
1日〜9日	二階囃子（にかいばやし）	各山鉾町
2日	鬮取式（くじとりしき）	京都市役所
3日	神面改め（しんめんあらた）	船鉾町
5日	長刀鉾稚児舞披露（なぎなたほこちごまいひろう）	長刀鉾町
7日	綾傘鉾稚児社参（あやがさほこちごしゃさん）	八坂神社
10日	神用水清祓式（しんようすいきよはらいしき）	四条大橋
	お迎提灯（むかえちょうちん）	八坂神社〜京都市役所
	神輿洗式（みこしあらいしき）	八坂神社〜四条大橋
10日〜14日	前祭　山鉾建（さきまつり　やまほこたて）	前祭各山鉾町
12日〜13日	前祭　鉾曳初、山舁初（さきまつり　ほこひきぞめ、やまかきぞめ）	前祭各山鉾町
13日	長刀鉾稚児社参（なぎなたほこちごしゃさん）	八坂神社
	久世稚児社参（くぜちごしゃさん）	八坂神社
14日〜16日	前祭　宵山（さきまつり　よいやま）	各山鉾町
	屏風祭（びょうぶまつり）	有志の町家
15日	斎竹建て（いみたけた）	高橋町
	御手洗井戸開き（みたらいいどびらき）	手洗水町
	伝統芸能奉納（でんとうげいのうほうのう）	八坂神社
	宵宮祭（よいみやまつり）	八坂神社

16日	<ruby>献茶祭<rt>けんちゃさい</rt></ruby>	八坂神社
	<ruby>石見神楽奉納<rt>いわみかぐらほうのう</rt></ruby>	八坂神社
	<ruby>宵宮神賑奉納行事<rt>よいみやしんしんほうのうぎょうじ</rt></ruby>	八坂神社
	<ruby>前祭<rt>さきまつり</rt></ruby> <ruby>日和神楽<rt>ひよりかぐら</rt></ruby>	前祭各山鉾町〜御旅所
17日	<ruby>前祭<rt>さきまつり</rt></ruby> <ruby>山鉾巡行<rt>やまほこじゅんこう</rt></ruby>	市内中心部
	<ruby>神幸祭<rt>しんこうさい</rt></ruby>	八坂神社〜御旅所
18日〜21日	<ruby>後祭<rt>あとまつり</rt></ruby> <ruby>山鉾建<rt>やまほこたて</rt></ruby>	後祭各山鉾町
20日〜21日	<ruby>後祭<rt>あとまつり</rt></ruby> <ruby>鉾曳初<rt>ほこひきぞめ</rt></ruby>、<ruby>山舁初<rt>やまかきぞめ</rt></ruby>	後祭各山鉾町
21日〜23日	<ruby>後祭<rt>あとまつり</rt></ruby> <ruby>宵山<rt>よいやま</rt></ruby>	後祭各山鉾町
	<ruby>屏風祭<rt>びょうぶまつり</rt></ruby>	有志の町家
23日	<ruby>後祭<rt>あとまつり</rt></ruby> <ruby>日和神楽<rt>ひよりかぐら</rt></ruby>	後祭各山鉾町〜御旅所
	オハケ<ruby>清祓式<rt>きよはらいしき</rt></ruby>	又旅社
	<ruby>煎茶献茶祭<rt>せんちゃけんちゃさい</rt></ruby>	八坂神社
	<ruby>役行者山護摩焚き<rt>えんぎょうじゃやまごまた</rt></ruby>	役行者町
	<ruby>南観音山あばれ観音<rt>みなみかんのんやまあばれかんのん</rt></ruby>	百足屋町
24日	<ruby>後祭<rt>あとまつり</rt></ruby> <ruby>山鉾巡行<rt>やまほこじゅんこう</rt></ruby>	市内中心部
	<ruby>花傘巡行<rt>はながさじゅんこう</rt></ruby>	八坂神社〜市内中心部
	<ruby>還幸祭<rt>かんこうさい</rt></ruby>	御旅所〜八坂神社
25日	<ruby>狂言奉納<rt>きょうげんほうのう</rt></ruby>	八坂神社
28日	<ruby>神輿洗式<rt>みこしあらいしき</rt></ruby>	八坂神社〜四条大橋
29日	<ruby>神事済奉告祭<rt>しんじすみほうこくさい</rt></ruby>	八坂神社
31日	<ruby>疫神社夏越祭<rt>えきじんじゃなごしさい</rt></ruby>	八坂神社

1日〜7日

愛車の茅の輪くぐり
城南宮

交通安全・旅行安全の神としても知られる城南宮では、6月末に行われる夏越の祓に続いて、愛車の茅の輪くぐりができることでも知られる。駐車場に設置された直径5メートルに及ぶ巨大な茅の輪を車に乗ったままくぐり抜け、交通安全を祈願する。

京都市伏見区中島鳥羽離宮町7 ｜ MAP-B
地下鉄烏丸線・近鉄京都線竹田駅から徒歩15分
9時〜16時 ｜ 観覧自由

1日～15日

風祭り
かざまつ
千本ゑんま堂引接寺
せんぼん　　　　どういんじょうじ

千本ゑんま堂の夜間特別拝観が行われる風祭り。本尊・閻魔法王がライトアップされるこの期間、風鈴供養のため境内に風鈴が多数飾られるほか、梶の葉に願い事を書き、閻魔法王への焼香の際に煙を梶の葉に当てる「梶の葉祈願」も行われる。また、有料で聞香体験や西陣音頭の体験もできる。

京都市上京区千本通蘆山寺上ル閻魔前町34
MAP-A｜市バス千本鞍馬口停留所から徒歩2分｜18時30分～｜拝観料 1,000円

1日～9月23日

嵐山の鵜飼
うかい
大堰川
おおいがわ

嵐山を流れる大堰川に鵜飼船を浮かべ、その風情を愛でる優雅な船遊び。鵜飼は歌人・在原業平も歌に詠んだ古式の伝統漁法で、嵐山の鵜飼は清和天皇の時代の宮廷鵜飼が起源といわれる。間近で見るには乗合船か、王朝風に飾られた宮廷鵜飼船に乗るといい。鵜匠の巧みな手さばきや篝火に照らされた幻想的な情景をゆっくり楽しむことができる。

京都市西京区嵐山｜MAP-D｜嵐電嵐山線嵐山駅からすぐ
19時～21時（9月1日以降は18時30分～20時30分）
観覧自由（乗合船 1,800円、宮廷鵜飼船 2,100円）

7日（土・日曜の場合は翌月曜）
貴船の水まつり
貴船神社

貴船の水神に水の恩恵を感謝し、水の恵みを祈る祭り。祭典では裏千家による献茶式、樂辰會の舞楽奉納の儀、生間（いかま）流家元による式庖丁の儀のほか、午後には七夕神事が行われるなど、見所が多い。

京都市左京区鞍馬貴船町180 ｜ MAP-E
京都バス貴船停留所から徒歩5分
水まつり 10時〜、七夕神事 13時〜
観覧自由

7日
七夕まつり
松尾大社

七夕の日、松尾大社では本殿前に大笹が掲げられ、願い事が記された無数の短冊が夕闇にゆれる。ライトアップされた拝殿では、神事のほか巫女による神楽「豊栄の舞（とよさかのまい）」奉納、また境内を流れる一之井川では「七夕ゆめ灯籠流し」が開催され、七夕の夜は大いに賑わう。

京都市西京区嵐山宮町 ｜ MAP-D
市バス・京都バス松尾大社前停留所からすぐ
18時30分〜 ｜ 拝観自由

7日

精大明神例祭
<small>せいだいみょうじんれいさい</small>
白峯神宮
<small>しらみねじんぐう</small>

スポーツの守護神として知られる白峯神宮。「七夕の神」と伝承される精大明神の例祭は、舞楽や神楽、蹴鞠奉納のほか、地元の少女たちによる「小町をどり」が奉納される。

京都市上京区今出川通堀川東入飛鳥井町261
MAP-A ｜ 市バス堀川今出川停留所からすぐ
13時30分〜 ｜ 観覧自由

第1日曜

御田祭
おんださい

松尾神社
まつおじんじゃ

「御田」は神社の神事に使われる水田のことをいい、松尾大社を総本社とする松尾神社でも同じく御田祭が行われる。毎年、7月の第1日曜に行われるこの祭では、小学生の男子二人が早乙女の衣装をまとい、太鼓の音に合わせて、田植えの動きを演じる。鎌倉・室町時代に始まったといわれる農業祭祀で、秋の五穀豊穣を願う。

亀岡市西別院町犬甘野宮ノ谷5 ｜ 京阪バス犬甘野口停留所から徒歩10分 ｜ 14時〜 ｜ 観覧自由

20日

城南宮例祭
（じょうなんぐうれいさい）
城南宮
（じょうなんぐう）

平安京遷都に際し、都南方に守護神として
鎮座してきた城南宮の例祭は、別名「お涼
み」ともよばれる。夕刻、本殿前に「方除
安全」「無病息災」の木札と榊をそれぞれ
収めた2本の氷柱が立つと、参拝者はこの
氷柱に触れ暑気払いをする。神楽殿表舞
台では巫女によるお涼み神楽が奉納される。

京都市伏見区中島鳥羽離宮町7 ｜ MAP-B
地下鉄烏丸線・近鉄京都線竹田駅から徒歩15分
9時〜、お涼み神楽 18時〜20時30分
観覧自由

第3日曜

御田祭
（おんださい）
松尾大社
（まつのおたいしゃ）

600年以上の歴史を持つ祭りで、京都市無
形民俗文化財に指定されている。氏子地
域から選ばれた、10歳前後の童女・植女
（うえめ）が、宮司より早苗を授けられた後、
壮夫（そうふ）の肩に乗り、拝殿を三周する。
この早苗を田に植えると虫害にかからない
といわれる。

京都市西京区嵐山宮町 ｜ MAP-D ｜ 市バス・京都
バス松尾大社前停留所からすぐ ｜ 10時〜
観覧自由

梅雨明けから約1ヶ月間

大福梅の土用干し
おおぶくうめ　　　どようぼ

北野天満宮
きたのてんまんぐう

歳末に授与される大福梅の天日干しは、北野天満宮の夏の恒例行事。6月に採取し、樽に塩漬けされていた大量の梅の実を取り出し、本殿前などに敷かれたむしろの上に並べていく。梅雨明けの厳しい日差しに照らされた梅から甘酸っぱい香りが広がる。

京都市上京区馬喰町 ｜ MAP-A
市バス北野天満宮前停留所からすぐ
9時頃〜 ｜ 観覧自由

土用の丑の日に近い土・日曜

きゅうり封じ
ふう

蓮華寺
れんげじ

「きゅうり封じ」は宗祖・弘法大師が残したと伝わる秘法で、病魔をきゅうりに封じ込め人々の苦しみと病を取り除く。護符を埋め込み、祈祷されたきゅうりを持ち帰った参拝者は3日間、真言を唱えながら体の具合の悪い部分をそのきゅうりで撫で、4日目の朝に人が踏まない清浄な地面にきゅうりを埋めることで病魔を封じ込める。

京都市右京区御室大内20-2 ｜ MAP-D
市バス御室仁和寺停留所から徒歩2分
土曜 12時〜20時、日曜 6時〜18時
祈祷料 1,000円（きゅうり含む）

土用の丑の日

ほうろく灸祈祷
三寶寺

一年で一番暑いとされる土用の丑の日に行われる祈祷会。経文を書いたほうろくを頭に乗せ、その上で灸を焚いて、木剣で九字を切り悪鬼邪霊を払う。頭痛封じ、暑気封じなどを祈るこの祈祷と併せ、商売繁昌を祈る「あじさい祈祷」や諸病封じを祈る「きゅうり封じ祈祷」も行われる。

京都市右京区鳴滝松本町32 ｜ MAP-D
市バス・JRバス福王子停留所から徒歩20分（当日は福王子交差点より無料送迎バス有り）
9時〜14時 ｜ ほうろく灸祈祷 2,000円、きゅうり封じ祈祷 1,000円、あじさい祈祷 2,000円

土用の丑の日

焙烙呪灸
妙雲院

日蓮宗の古刹・頂妙寺の塔頭である妙雲院は通常非公開だが、毎年2月の初午に初午祭、11月7日に火焚祭、そして7月の土用丑の日に行われる焙烙呪灸には多くの参拝者が訪れる。頭にかぶせた炮烙の上でもぐさを燃やし、その熱で頭のツボを刺激することで夏バテや頭痛封じに効果があるとされる。

京都市左京区大菊町96 ｜ MAP-A
京阪本線三条駅から徒歩4分
6時〜18時 ｜ 焙烙呪灸 志納

土用の丑の日の前後 5日間

<ruby>御手洗祭<rt>み た ら し さい</rt></ruby>
<ruby>下鴨神社<rt>しもがもじんじゃ</rt></ruby>

かつて疫病を避けるために川で禊をしたことに起源をもつ御手洗祭。下鴨神社境内末社の御手洗社（井上社）で行われる「足つけ神事」では、参拝者が御手洗池に膝まで入って祭壇にろうそくを供える。池の水は冷たく、また思いのほか深いので、ろうそくを落とさぬよう慎重に進まなければならない。

京都市左京区下鴨泉川町59 ｜ MAP-A
市バス下鴨神社前停留所からすぐ
5時30分〜21時 ｜ 観覧自由

25日
鹿ケ谷カボチャ供養
安楽寺

夏の土用に鹿ケ谷カボチャを食べれば中風（卒中による麻痺）にならないとの言い伝えから、参拝者にふるまう行事。通常は非公開の寺院であるが、この日は特別に寺宝も公開される。

京都市左京区鹿ケ谷御所ノ段町21
MAP-A ｜ 市バス真如堂前停留所から徒歩
10分 ｜ 9時〜15時 ｜ 拝観料 500円

25日
宝物虫払会
真如堂

本堂にて200点にのぼる寺宝を虫干しする行事で、『真如堂縁起』の写本などを目にすることができる貴重な機会。喉・肺・胃・気分などを爽快にする生薬を施した、真如堂秘伝・暑気払いの「びわ湯」の無料接待も受けられる。

京都市左京区浄土寺真如町82 ｜ MAP-A
市バス真如堂前停留所・錦林車庫前停留所
から徒歩8分 ｜ 9時〜15時（雨天中止）
拝観料 要問合

28日

火渡り祭
（ひ わたり さい）
狸谷山不動院
（たぬきだにさん ふ どういん）

厳かな護摩祈祷の後、燃え尽きた護摩壇の火床の上を山伏が素足で渡り歩く。続いて一般参拝者も次々に火渡りに挑み、無病息災を祈願する。また当日限定「火渡りのおふだ」も販売される。

京都市左京区一乗寺松原町6 ｜ MAP-A
市バス一乗寺下り松町停留所から徒歩15分
19時〜 ｜ 入山料 500円

31日

茅 の 輪 神 事
（ち の わ しんじ）
御香宮神社
（ご こうのみや じんじゃ）

6月の晦日に行われることの多い茅の輪くぐりだが、御香宮神社では7月の晦日に行われる。参拝者は神職がくぐった後、茅の輪をくぐり暑気払いをする。茅（ちがや）は持ち帰って輪にし、玄関口に吊るしておくと疫病除けになるとされる。

京都市伏見区御香宮門前町174 ｜ MAP-B
JR奈良線桃山駅・近鉄京都線桃山御陵前駅から
徒歩5分 ｜ 神事 15時〜、23時〜 ｜ 観覧自由

31日・8月1日

千日詣り
愛宕神社
（せんにちまいり）
（あたごじんじゃ）

正式には千日通夜祭（せんにちつうやさい）と呼ばれる祭礼。31日の夜から翌未明にかけて参拝すると、千日分の火伏・防火のご利益があるとされ、麓の清滝から山頂にある愛宕神社までの表参道約4kmにあかりが灯される。

京都市右京区嵯峨愛宕町1 ｜ 京都バス清滝停留所から徒歩90〜120分 ｜ 夕御饌祭21時〜、朝御饌祭 翌2時〜 ｜ 観覧自由

土用入り後初の日曜または祝日

本宮祭
伏見稲荷大社
（もとみやさい）
（ふしみいなりたいしゃ）

稲荷大神の分霊を祀る全国の崇敬者が本社に参拝し、日頃の神恩に感謝する祭り。前日の宵宮祭では、稲荷山を含む境内に点在する石灯籠や数千におよぶ提灯に灯りを点ける万灯神事が行われる。また、両日にわたって奉納される本宮踊りや楼門をはじめ外拝殿などあちこちに展観された行灯画を見てまわるのも楽しい。

京都市伏見区深草藪之内町68 ｜ MAP-B
JR奈良線稲荷駅からすぐ ｜ 宵宮祭 前日18時〜、本宮祭 9時〜 ｜ 参拝自由

ANOTHER EVENT 　7月 その他の行事

1日	御戸代会神事	上賀茂神社
7日	七夕祭	石清水八幡宮
上旬	初夏の庭園特別公開	両足院
上旬	はも道中	八坂神社
上旬の土・日曜	七夕会　夜間特別拝観	高台寺
10日	金毘羅例大祭	円蔵院
第2土曜から3週間	観蓮会	法金剛院
15日	盂蘭盆会施餓鬼	三千院
15日	盂蘭盆会	知恩院
中旬	ハス酒を楽しむ会	三室戸寺
17日	冠者社祭	由岐神社
第4日曜	弁天祭	長建寺
最終土曜	納涼ビアガーデン	粟田神社
31日	住吉社祭	石清水八幡宮

etc.

8

August

八月一葉月

EVENT CALENDER イベントカレンダー

	1	2	3	4	5	6	7	8	9	10	11	12	13	14
八朔〈五花街〉	○													
醍醐寺万灯会〈醍醐寺〉					○									
夏越神事〈下鴨神社〉							立秋の前夜							
五条坂陶器まつり〈五条坂〉							○			→				
六道まいり〈六道珍皇寺〉							○							
お精霊迎え・お精霊送り〈千本ゑんま堂引接寺〉							○							
萬燈会〈六波羅蜜寺〉								○		→				
六道詣り〈千本釈迦堂大報恩寺〉								○						
盂蘭盆万灯供養会〈壬生寺〉									○					
京の七夕〈市内各会場〉							上旬〜中旬							
下鴨納涼古本まつり〈糺の森（下鴨神社）〉											○			
万灯会〈三千院〉												○		
みたま祭〈京都霊山護國神社〉											○			
佐伯灯籠〈薭田野神社〉														○
万灯祭〈車折神社〉														○

1	2	3	4	5	6	7	8	9	10	11	12	13	14

○　花背松上げ〈左京区花背地区〉

○→　松ヶ崎題目踊〈涌泉寺〉

　　○　京都五山送り火〈市内各所〉

　　○　嵐山灯籠流し〈京都府立嵐山公園〉

　　　　○　柴燈大護摩供火渡り修行〈一言寺〉

　　　　　　○　光福寺六斎念仏〈千菜山光福寺〉

　　　　　　○　宵弘法〈大覚寺〉

　　　　　○→　六地蔵めぐり〈京都市内〉

　　　　○→　千灯供養〈あだし野念仏寺〉

　　　　○――→　愛宕古道街道灯し〈旧愛宕街道〉

　　　　○　久多花笠踊り〈志古淵神社〉

　　　　○　広河原松上げ〈左京区広河原地区〉

　　　　○　送り地蔵盆〈薬師寺〉

　　　　　○　吉祥院六斎念仏〈吉祥院天満宮〉

　　　　　　　八朔祭〈八大神社〉　○

(8) August

1日

八朔
はっさく
五花街
ごかがい

八朔とは陰暦八月朔日（一日）を表した言葉。花街では芸舞妓が黒紋付の正装姿で、日頃世話になっている芸事の師匠やお茶屋に挨拶にまわる。かつて農家が豊作を祈願して行った風習が今に伝わる行事で、花街を行きかう華やかな芸舞妓の姿を目にすることができる。

京都市の各花街 ｜ MAP-C
開催時間は各花街により異なる

5日

醍醐寺万灯会
だいごじまんとうえ
醍醐寺
だいごじ

醍醐寺全山で営まれる行事。日没と同時に1000基を超える置き灯籠や提灯が灯される中、「精霊供養法要」や「お施餓鬼供養」が執り行われ、生きとし生けるものすべての命に対し、報恩感謝の祈りが捧げられる。国宝の金堂や五重塔などが特別にライトアップされ、いつもとは一味違う幻想的な風景を堪能することができる。

京都市伏見区醍醐東大路町22
京阪バス醍醐寺前停留所からすぐ
18時〜 ｜ 観覧自由（伽藍のみ）

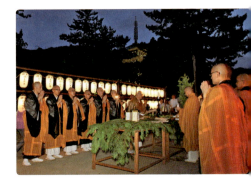

秋の前夜

夏越神事
（なごししんじ）
下鴨神社
（しもがもじんじゃ）

別名「矢取神事」とも呼ばれる夏越神事は、祭神・玉依媛命が賀茂別雷大神を生んだという故事にちなみ、御手洗池の中央に立てられた斎串を裸男（現在は白装束の氏子男子）が奪い合う行事。男たちが一斉に池に飛び込み、すべての串が抜かれると終了する。

京都市左京区下鴨泉川町59 ｜ MAP-A
市バス下鴨神社前停留所からすぐ
18時30分〜19時30分 ｜ 観覧自由

7日〜10日

五条坂陶器まつり
（ごじょうざかとうき）
五条坂
（ごじょうざか）

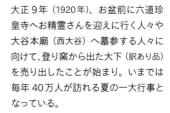

大正9年（1920年）、お盆前に六道珍皇寺へお精霊さんを迎えに行く人々や大谷本廟（西大谷）へ墓参する人々に向けて、登り窯から出た大下（訳あり品）を売り出したことが始まり。いまでは毎年40万人が訪れる夏の一大行事となっている。

京都市東山区五条坂一帯 ｜ MAP-A
京阪本線清水五条駅からすぐ
9時〜22時（雨天決行） ｜ 観覧自由

7日〜10日

六道まいり
六道珍皇寺

平安時代、都の東にある葬送の地・鳥辺野（とりのべ）の麓に、あの世とつながる「六道の辻」があるとされ、その辻を通って小野篁（おののたかむら）が毎夜閻魔庁に向かったと伝えられている。その地に建つのが、「六道さん」と呼ばれ親しまれる六道珍皇寺で、京都の盂蘭盆行事では、珍皇寺へ詣ってお精霊さんを迎える風習がある。迎え鐘をつき、水塔婆を納め、寄り道をせずに先祖の精霊が宿る高野槇（こうやまき）を家に持ち帰る。

京都市東山区松原通東大路西入ル小松町595
MAP-A ｜ 市バス清水道停留所から徒歩5分
6時〜22時 ｜ 自由参拝・重文本尊ご開帳（当行事期間外での特別拝観 500円）、水塔婆 300円

7日～16日

お精霊迎え・お精霊送り
しょらいむか　　しょらいおく

千本ゑんま堂引接寺
せんぼん　　どういんじょうじ

あの世とこの世を行き来し、昼は朝廷、夜は閻魔庁に仕えていたと伝わる小野篁（おののたかむら）。「千本ゑんま堂」の呼び名で親しまれる篁ゆかりの古刹・引接寺では、お盆が始まると「水供養」「鐘供養」で先祖の霊・おしょらいさんをお迎えする。14日には京都市の重要無形民俗文化財に指定されている六斎念仏が奉納され、15日夕方から16日にお精霊送りでも再び鐘が撞かれ、先祖の霊を見送る。

京都市上京区千本通蘆山寺上ル閻魔前町34
MAP-A ｜ 市バス千本鞍馬口停留所から徒歩2分
9時～20時（16日は18時まで）｜ 観覧自由
水塔婆 300円

8日〜 **10**日

まんどうえ
萬燈会
ろくはらみつじ
六波羅蜜寺

開祖・空也上人によって始められたと
伝わる盆行事。「大」の字に灯芯を配
し、その字の端に火をともした土器杯
108 つが献灯される。揺らめく灯りの
なか、七難即滅・七福即生を祈願す
るとともに、先祖の精霊を迎える追善
回向が営まれる。五山送り火の原型と
もいわれる古式の儀礼。

京都市東山区五条通大和大路上ル東
MAP-A ｜ 市バス清水道停留所から徒歩7分
20時〜21時 ｜ 観覧自由

8日〜 **16**日

ろくどうまいり
六道詣り
せんぼんしゃかどうだいほうおんじ
千本釈迦堂大報恩寺

千本釈迦堂の六道詣りは、本尊と白い
布で結ばれた迎え鐘を撞き、戒名を
記した塔婆を本堂に納めて先祖の精
霊を家に招いて供養する。京都市内
最古の木造建造物として国宝に指定さ
れている本堂は必見。

京都市上京区七本松通今出川上ル
MAP-A ｜ 市バス上七軒停留所から徒歩5分
9時〜20時 ｜ 拝観料 600円

9日〜16日
盂蘭盆万灯供養会
うらぼんまんとうくようえ
壬生寺
みぶでら

壬生寺の盂蘭盆は、境内に1000基以上の
万灯が灯される中で、祖先の霊を供養する。
灯火に照らされた境内が味わえるほか、9
日と16日に行われる六斎念仏が見所。江
戸時代中頃から続く芸能六斎で、地歌や長
唄を演奏しながら念仏踊りを披露。なかで
も獅子舞の芸はトレードマークともいえる
出し物で、8月9日には壬生寺の精霊迎え
に合わせ、20時頃から上演される。

京都市中京区壬生梛ノ宮町31 ｜ MAP-A
市バス壬生寺道停留所から徒歩3分
20時頃〜 ｜ 観覧自由

上 旬～中旬

京の七夕
<ruby>京<rt>きょう</rt></ruby>の<ruby>七夕<rt>たなばた</rt></ruby>

市内各会場
<ruby>市内各会場<rt>し ないかくかいじょう</rt></ruby>

様々な願いがしたためられた短冊が飾りつけられた七夕飾りが立ち並ぶ「願い七夕」や、風鈴を竹かごに入れ、光をともす「風鈴灯」をはじめ、さまざまな七夕イベントが複数の会場で楽しめる。開催時期・時間は各会場で異なるので、要問合わせ。

京都市内の各会場｜19時～21時30分（堀川・鴨川）
観覧自由（一部有料）

11日〜16日

しもがものうりょうふるほん
下鴨納涼古本まつり
ただす もり しもがもじんじゃ
糺の森（下鴨神社）

京都の三大古本祭りのひとつ。30年近い
歴史を持ち、40数店舗が出店する糺の森
には、文芸書や実用書から演劇パンフレッ
ト、コミックまで、多種多様な古本が並ぶ。
昔懐かしい街頭紙芝居や読み語りライブな
ども開催。

京都市左京区下鴨泉川町59 ｜ MAP-A
市バス下鴨神社前停留所からすぐ
10時〜17時30分（最終日は16時まで）
観覧自由

12日

万灯会
（まんとうえ）
三千院
（さんぜんいん）

三千院の万灯会は、天台宗開宗1200年にあたる平成16年に始まった行事。18時から世界平和と諸願成就を願う「千年の祈り」点灯式が御門主御導師によって行われた後、不動堂・観音堂前の広場を中心とした境内全域に配された約1万本のろうそくに灯りがともされると、闇夜に往生極楽院の姿が美しく浮かび上がる。

京都市左京区大原来迎院町540 ｜ MAP-E
京都バス大原停留所から徒歩10分 ｜ 18時〜20時30分 ｜ 観覧自由（献灯用ろうそく代 1,000円）

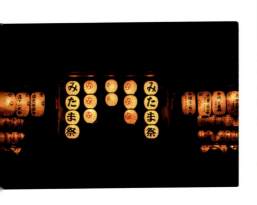

13日〜16日

みたま祭
きょうとりょうぜんごこくじんじゃ
京都霊山護國神社

太平洋戦争で亡くなった英霊の遺族や戦友をはじめ、崇敬者の協力により行われる京都霊山護國神社のみたま祭。毎年13日から16日までの間、境内に提灯を灯して英霊の冥福を祈る。また15日は、11時から戦没者追悼式が行われ、英霊感謝祭並びに戦友物故者慰霊祭が粛々と営まれる。

京都市東山区清閑寺霊山町1 ｜ MAP-A
市バス東山安井停留所から徒歩10分
夕刻〜20時30分 ｜ 観覧自由

14日

佐伯灯籠
ひえだのじんじゃ
薭田野神社

薭田野神社、御霊神社、河阿神社、若宮神社の4社が合同で行う、五穀豊穣祈願と盂蘭盆会が合わさった祭。台灯籠と呼ばれる移動式の小さな舞台で、背丈30cmほどの串人形を操る人形浄瑠璃が演じられることで知られている。また鳴り響く太鼓に神輿がのしかかる「太鼓掛け」や、神輿が灯籠を追う「灯籠追い」は全国的にも珍しい神事。

亀岡市ひえ田野町佐伯垣内亦1 ｜ 京阪京都交通バス国道佐伯停留所から徒歩3分
神輿出発 13時30分〜、人形浄瑠璃奉納ほか
18時〜 ｜ 観覧自由

14日〜16日

万灯祭
まんとうさい

車折神社
くるまざきじんじゃ

万灯祭は氏子や参拝者が奉納した紙灯籠を境内でともす盆行事。さまざまな願いごとが託された紙を3枚1組で組み立てた三面灯籠が約1000基も吊り下げられ、商売繁昌、家内安全などを祈願する。なお、灯籠の申し込みは4月1日から祭最終日の8月16日まで。

京都市右京区嵯峨朝日町23 ｜ MAP-D
京福電鉄嵐山本線車折神社駅からすぐ
9時〜20時 ｜ 観覧自由

15日

花背松上げ
はなせまつあ
左京区花背地区
さきょうくはなせちく

太鼓が打ち鳴らされるなか、河川敷に約1000本の松明を焚き、高さ約20mの丸太の先端にある大笠に向かって、火をつけた「上げ松」を振り回しながら放り投げる。火の付いた大笠が一気に燃え上がって辺りを照らす光景は印象深い。

京都市左京区花背八桝町上桂川畔
京都バス「松上げ鑑賞バス」花背交流の森
停留所から徒歩5分（要予約）
21時〜22時 ｜ 観覧自由

15日・16日

松ヶ崎題目踊
まつがさきだいもくおどり
涌泉寺
ゆうせんじ

左京区松ヶ崎の湧泉寺境内で行われる伝統行事。太鼓に合わせて身体を曲げたり伸ばしたり、団扇を上下に回転させたりして踊る。素朴で風情のある光景が広がる。

京都市左京区松ヶ崎堀町53 ｜ MAP-A
地下鉄烏丸線松ヶ崎駅・叡山電鉄叡山本線
修学院駅から徒歩10分 ｜ 15日 20時〜
22時頃、16日 21時〜22時頃 ｜ 観覧自由

16日

京都五山送り火
（きょうと　ござんおくび）
市内各所
（しないかくしょ）

8月13日〜16日を中心に、京都では六道詣りや六斎念仏などのさまざまな盆行事がある中でも、ひと際大きい行事が「京都五山送り火」。京都を囲む山々に「大」の字が2つ、「妙」「法」の字、船の形、鳥居の形をかたどった火を焚き、お盆の時期に帰ってきた先祖をあの世へ送る。20時頃よりまず「大文字」、つづいて「妙法」、そして「船形」「左大文字」「鳥居形」が次々に姿を現し、京都市内の鴨川ベリや橋の上などでは多くの人が手を合わせる。また、氏名・年齢・性別を書いた護摩木を送り火で焚くと先祖の供養や厄除けになるともいわれ、場所によっては日中から護摩木志納の受付が設けられる。

京都市内の各山
20時〜（次頁参照）　| 観覧自由

京都五山送り火マップ

京都五山送り火　点火の時間・おすすめの見学場所

大文字　東山如意ヶ嶽（大文字山）
20:00
おすすめの見学場所
賀茂川（鴨川）堤防

妙　松ヶ崎西山（万灯籠山）
20:05
おすすめの見学場所
北山通（ノートルダム女子大学付近）

法　松ヶ崎東山（大黒天山）
20:05
おすすめの見学場所
高野川堤防（高野橋北）

船形　西賀茂船山
20:10
おすすめの見学場所
北山通（北山大橋から北西）

左大文字　大北山 大文字山
20:15
おすすめの見学場所
西大路通（西院〜金閣寺）

鳥居形　嵯峨鳥居本曼荼羅山
20:20
おすすめの見学場所
松尾橋・広沢池

16日

嵐山灯籠流し
あらしやまとうろうなが

京都府立嵐山公園
きょうと ふ りつあらしやまこうえん

昭和24年、戦没者慰霊のために始められた灯籠流し。お盆に迎えた先祖の霊を送る行事のひとつとして五山の送り火と同日に行われ、会場からは東に大文字、北に鳥居形の送り火が見える。

京都市右京区嵯峨中ノ島町 ｜ MAP-D
阪急嵐山線嵐山駅から徒歩6分
12時〜21時（灯籠の販売 10時〜、
法要 19時30分〜） ｜ 観覧自由（灯籠 1,000円）

17日

柴燈大護摩供火渡り修行
一言寺

この火渡り修行は、一言寺の夏季大祭の締めくくりとして行われるもので、厄除・所願成就を祈願する。本堂前で山伏が護摩を焚き、まだ残り火が消えないうちに灰の上を素足で渡る。その後、参拝者も火渡りをすることができ、まだ熱い灰の上を素足で歩き厄除祈願をする。

京都市伏見区醍醐一言寺裏町3
京阪バス一言寺停留所から徒歩5分
20時頃〜 ｜ 観覧自由

207

20日

光福寺六斎念仏
こうふく じ ろくさいねんぶつ
干菜山光福寺
ほし な さんこうふくじ

六斎念仏は、鉦や太鼓で囃し、念仏を唱えながら踊る民俗芸能で、重要無形民俗文化財に指定されている。干菜山光福寺は六斎念仏の総本寺としても知られ、田中郷六斎念佛保存会（応援：小山郷六斎念佛保存会）によって奉納される。そもそも干菜寺系の六斎念仏は宗教色の強い念仏六斎と呼ばれているが、時代の変遷とともに娯楽要素の強い空也堂系の芸能六斎が光福寺でも行われるようになった。

京都市左京区田中上柳町56 ｜ MAP-A
京阪鴨東線出町柳駅から徒歩5分
19時30分〜 ｜ 観覧自由

20日

宵弘法
よいこうぼう
大覚寺
だいかくじ

大覚寺の盆行事として、空海が除災招福を祈願して始めたのが起源とされる。万灯会法要や、大沢池中央に設置した祭壇に点火して先祖の霊を見送る「嵯峨の送り火」などが行われる。

京都市右京区嵯峨大沢町4 ｜ MAP-D
市バス・京都バス大覚寺停留所からすぐ
17時〜20時30分 ｜ 観覧自由

22日・23日

六地蔵めぐり
京都市内
（ろくじぞう）
（きょうとしない）

京都市内6つの街道の入口に立つ大善寺・浄禅寺・地蔵寺・源光寺・
上善寺・徳林庵の地蔵尊を巡拝する行事で、850年の歴史がある
といわれる。それぞれの地蔵尊で授与される六体の幡を玄関に吊
るすと厄病退散、福徳招来が叶うという。

大善寺（伏見六地蔵）
京都市伏見区桃山町西町24
JR奈良線・京阪宇治線・地下鉄東西線六地蔵駅
から徒歩10分

浄禅寺（鳥羽地蔵）
京都市南区上鳥羽岩ノ本町93 ｜ MAP-B
市バス地蔵前停留所からすぐ

地蔵寺（桂地蔵）
京都市西京区桂春日町9
市バス桂消防署前停留所からすぐ

源光寺（常盤地蔵）
京都市右京区常盤馬塚町1 ｜ MAP-D
京福北野線常盤駅から徒歩5分

上善寺（鞍馬口地蔵）
京都市北区鞍馬口通寺町東入上善寺門前町338
MAP-A
市バス出雲路橋停留所から徒歩3分

徳林庵（山科廻地蔵）
京都市山科区四ノ宮泉水町16
京阪京津線四宮駅から徒歩5分

22日 0時〜23日22時頃 （拝観時間は各寺院による）｜ 観覧自由

徳林庵

23日・24日

千灯供養
せんとうくよう

あだし野念仏寺
のねんぶつじ

地蔵盆の夕刻に行われる千灯供養は、明治時代から続く宗教行事で、境内の石塔や石仏など約8000体の無縁仏にろうそくを灯して供養する。数千の石仏群がろうそくの明かりに照らされる様子は厳か。参拝者にはろうそくが配布されるので、火を灯して静かに供養を見届ける。

京都市右京区嵯峨鳥居本化野町17 ｜ MAP-D
京都バス鳥居本停留所から徒歩5分
17時30分～20時30分 ｜ 行事協力金1,000円

23日～25日

愛宕古道街道灯し
あたごふるみちかいどうとぼ

旧愛宕街道
きゅうあたごかいどう

あだし野念仏寺の千灯供養と同日に、地域の地蔵盆も兼ねて開催されるライトアップイベント。日が落ちると、愛宕神社の一の鳥居から清凉寺までの約1.5kmの街道筋に飾られた約500個の手づくり行灯に火がともる。

京都市右京区愛宕神社から清凉寺
MAP-D ｜ 京都バス鳥居本停留所から徒歩5分 ｜ 19時～21時頃(初日は18時30分～)
観覧自由

24日

久多花笠踊り
(くたはながさおどり)
志古淵神社
(しこぶちじんじゃ)

志古淵神社に歌と踊りを奉納する祭
で、国の重要無形文化財に指定され
ている。風流灯籠踊りのひとつで、約
30人の男衆が古式の歌を歌いながら
花笠を手に踊る。

京都市左京区久多中の町362
公共交通機関を使ってのアクセスは難しい
19時30分〜22時30分 ｜ 観覧自由

24日

広河原松上げ
(ひろがわらまつあげ)
左京区広河原地区
(さきょうくひろがわらちく)

約1000本の松明がともるなか、広場
中央には高さ20mの檜（ひのき）で
できた灯籠木が立てられる。青年たち
は合図とともに果敢に松明を投げ上げ、
灯籠木に取り付けられた直径約3mの
大笠への一番点火を競う。

京都市左京区広河原下之町
京都バス「広河原松上げ鑑賞バス」下の町
停留所からすぐ（日帰り不可、要予約）
20時30分〜21時30分 ｜ 観覧自由

24日

送り地蔵盆
薬師寺

閻魔大王のもとへ行き来していた小野篁（おののたかむら）にゆかりの深い嵯峨薬師寺の地蔵盆は、生六道地蔵菩薩の祭で、この日に限り本堂が一般公開されている。法要では7種類の野菜を使用して帆掛け舟に見立てたお供え・生御膳（なまごぜん）を奉納する。法要後、本堂前にて、一年間に回向した経木（水塔婆）を焚き、先祖の霊を送る「送り火」を行う。

京都市右京区嵯峨釈迦堂藤ノ木町46
MAP-D ｜ 京都バス嵯峨釈迦堂前停留所
から徒歩5分 ｜ 法要 15時〜 ｜ 観覧自由

25日

吉祥院六斎念仏
きっしょういんろくさいねんぶつ
吉祥院天満宮
きっしょういんてんまんぐう

吉祥院天満宮の夏季大祭に合わせて
行われる吉祥院六斎念仏の起源は、
平安時代にまで遡るともいわれる。吉
祥院六斎保存会により奉納されるこ
の伝統行事は、国の重要無形民俗文
化財に指定されている。発願に始ま
り、鉦や笛に合わせて「祇園囃子」「四
ツ太鼓」「獅子と土蜘蛛」などを演じ、
最後に結願の回向唄で締めくくられる。

京都市南区吉祥院政所町3 ｜ MAP-B
市バス吉祥院天満宮前停留所から徒歩5分
20時〜21時頃 ｜ 観覧自由

31日

八朔祭
はっさくさい
八大神社
はちだいじんじゃ

穀物の収穫期、氏神に五穀豊穣や家
内安全などを祈願したことを由来とす
る八朔祭。本殿での神事の後にお千
度が行われ、参集所にて直会（なおら
い）をした後、神社境内において鉄扇
音頭が奉納される。笛や太鼓や鉦の
鳴り物は使わず、合いの手に「ドッコ
イ」「ソレ」の掛け声が入るだけの素
朴な音頭に合わせて、櫓（やぐら）を
囲んでゆったりと踊る。

京都市左京区一乗寺松原町1 ｜ MAP-A
市バス一乗寺下り松停留所から徒歩7分
20時頃〜 ｜ 観覧自由

ANOTHER EVENT   8月 その他の行事

4日	北野祭 （きたのさい）	北野天満宮 （きたのてんまんぐう）
7〜10日	若宮八幡宮大祭 （わかみやはちまんぐうたいさい）	若宮八幡宮 （わかみやはちまんぐう）
第1日曜	鍛冶神社祭 （かじじんじゃさい）	粟田神社 （あわたじんじゃ）
9〜16日	千日詣りと宵詣り （せんにちまいり　よいまいり）	清水寺 （きよみずでら）
10日	中堂寺六斎念仏奉納 （ちゅうどうじろくさいねんぶつほうのう）	清水寺 （きよみずでら）
14日・15日	川地蔵 （かわじぞう）	左京区久多 （さきょうくくた）
16日	送り鐘 （おくりがね）	矢田寺 （やたでら）
16日	西方寺六斎念仏 （さいほうじろくさいねんぶつ）	西方寺 （さいほうじ）
16日〜24日	地蔵盆厄除けほうずき授与 （じぞうぼんやくよけほうずきじゅよ）	上徳寺 （じょうとくじ）
18日	小山郷六斎念仏奉納 （こやまごうろくさいねんぶつほうのう）	御霊神社（上御霊神社） （ごりょうじんじゃ　かみごりょうじんじゃ）
最終日曜	嵯峨天皇祭 （さがてんのうさい）	梅宮大社 （うめのみやたいしゃ）
24日	雲ヶ畑松上げ （くもがはたまつあげ）	北区雲ケ畑地区 （きたくくもがはたちく）
31日	八朔祭法楽会 （はっさくさいほうらくえ）	光福寺 （こうふくじ）
下旬	梅津六斎念仏 （うめづろくさいねんぶつ）	梅宮大社 （うめのみやたいしゃ）

etc.

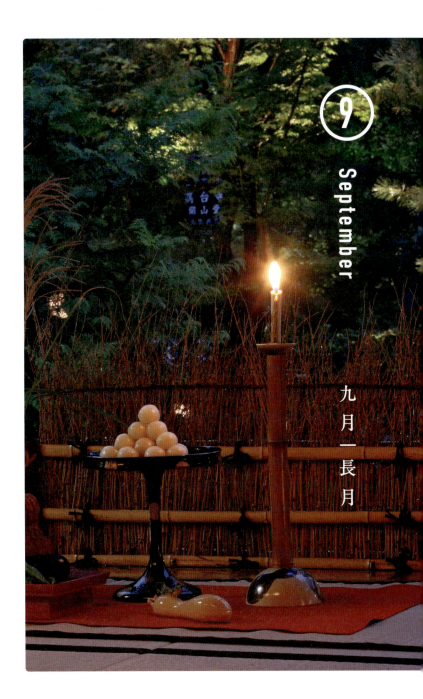

9

September

九月─長月

EVENT CALENDER イベントカレンダー

	1	2	3	4	5	6	7	8	9	10	11	12	13	14

大原八朔祭〈江文神社〉 ……… 1日に近い土曜 ………

八朔祭〈松尾大社〉 ……… 第1日曜

烏相撲内取式〈上賀茂神社〉 ○

結納祭〈下鴨神社〉 ○

重陽神事・烏相撲〈上賀茂神社〉 ○

重陽祭〈車折神社〉 ○

重陽の節会〈法輪寺〉 ○

若冲忌〈石峰寺〉 ○

秋の夜の観月の茶会〈高台寺〉 ……… 上・中旬の金・土・日曜 ………

上賀茂紅葉音頭大踊り〈上賀茂神社〉 第2土曜

御鎮座記念祭・奉燈祭〈平野神社〉 ○

御田刈祭〈大原神社〉 第2日曜

三宅八幡宮 秋季大祭〈三宅八幡宮〉 ○—

ぜんそく封じ へちま加持〈赤山禅院〉 中秋の名月

名月祭〈平野神社〉 中秋の名月の頃

観月の夕べ〈大覚寺〉 中秋の名月の頃

名月管絃祭〈下鴨神社〉 中秋の名月の頃

	1	2	3	4	5	6	7	8	9	10	11	12	13	14

| 15 | 16 | 17 | 18 | 19 | 20 | 21 | 22 | 23 | 24 | 25 | 26 | 27 | 28 | 29 | 30 |

○ 放生会〈本能寺〉

○ 石清水祭〈石清水八幡宮〉

○→ 豊国神社例祭・献茶祭〈豊国神社〉

第3または第4日曜前夜 ······ 萩まつり〈梨木神社〉

嵐山船上川施餓鬼〈大堰川〉 ···· 彼岸の1週間のうちの1日 ····

○ 大般若経転読会〈養源院〉

○→ 四国八十八ヶ所お砂踏法要〈今熊野観音寺〉

第4月曜 ····· 櫛まつり〈安井金比羅宮〉

秋分の日とその前日 · 晴明祭〈晴明神社〉

····· 秋分の日 高瀬川舟まつり〈一之船入付近〉

第4日曜 名刺感謝祭〈恵美須神社〉

瀧尾神社神幸祭〈瀧尾神社〉 最終日曜

印章祈願祭〈下鴨神社〉 ········ 10月1日に近い日曜

| 15 | 16 | 17 | 18 | 19 | 20 | 21 | 22 | 23 | 24 | 25 | 26 | 27 | 28 | 29 | 30 |

1日に近い土曜

<ruby>大原八朔祭<rt>おおはらはっさくさい</rt></ruby>
<ruby>江文神社<rt>えぶみじんじゃ</rt></ruby>

左京区大原の8つの町の総氏神である江文神社は、風・水・火、そして豊饒と生産の神々が祀られている。当神社で八朔祭の夜に行われる八朔踊は大原に残る伝統芸能で、絣の着物に菅笠を被った宮座の青年たちが輪になり、道念（どうねん）と呼ばれる音頭（楽器を用いない独特の節）で踊って豊作を祈願する。音頭は切れ間なく引き継がれ、なだらかな踊りが大原の夜に繰り広げられる。

京都市左京区大原野村町643
京都バス野村別れ停留所から徒歩20分
19時〜 ｜ 観覧自由

第1日曜

<ruby>八朔祭<rt>はっさくさい</rt></ruby>
<ruby>松尾大社<rt>まつのおたいしゃ</rt></ruby>

五穀豊穣を祈る八朔祭は、前夜の盆踊りに始まり、当日には六斎念仏踊や八朔相撲が奉納される。六斎念仏踊は平安時代、空也上人が同社の神前で初めて奏したと伝わるもの。もうひとつの見所である女神輿は、嵐山周辺を練り歩いたあと、大堰川を船で渡御する。

京都市西京区嵐山宮町 ｜ MAP-A
市バス・京都バス松尾大社前停留所からすぐ
8時〜18時 ｜ 観覧自由

8日

からすずもううちとりしき
烏相撲内取式
かみがもじんじゃ
上賀茂神社

明くる日の重陽神事で行われる烏相撲に向け、昼から土俵の準備が行われるほか、20時からは奉納相撲の練習である烏相撲内取式が行われる。童子の組み合わせを調整する意味も兼ねた習礼（しゅらい）で、本番さながらの白熱した取り組みを見学できる。

京都市北区上賀茂本山339 ｜ MAP-A
市バス上賀茂神社前停留所からすぐ
20時〜 ｜ 観覧自由

9日

ゆいのうさい
結納祭
しもがもじんじゃ
下鴨神社

毎年重陽の節句に京都結納儀式協同組合の主催で行われる結納祭。下鴨神社の相生社に祀られる神皇産霊神は縁結びの神様・結納の神様として崇められており、また相生社の横には2本の木が途中から1本になっている連理の賢木（れんりのさかき）があり、縁結びの木として知られる。結納祭では、持ち寄られた結納飾りや熨斗、末広などを祈祷、焼納。良縁を求める人などもお参りに訪れる。

京都市左京区下鴨泉川町59 ｜ MAP-A
市バス下鴨神社前停留所からすぐ
11時〜 ｜ 観覧自由

9日

ちょうようじん じ　　からすず もう
重陽神事・烏相撲
かみ が も じんじゃ
上賀茂神社

五節句の内、重陽の節句に行われる上賀茂神社の重陽神事。本殿には菊の花を用いた神饌が供えられ、斎王代以下烏相撲を演じる童子など、相撲の関係者が集まり延命長寿などを祈願する本殿祭が行われる（中門から拝観可能）。神事を終えると、斎王代が陪覧するなかで烏相撲が奉納される。八咫烏（やたがらす）の神話にちなんだ本行事の特徴である、烏帽子・白丁姿の刀禰（とね）による烏跳びの神事に続いて、子どもたちによる真剣な相撲の奉納がはじまると、境内は大きな声援に包まれる。

京都市北区上賀茂本山339 ｜ MAP-A
市バス上賀茂神社前停留所からすぐ
5時30分〜17時 ｜ 観覧自由

9日

重陽祭
車折神社
ちょうようさい
くるまざきじんじゃ

平成9年に130年の時を経て再興された車折神社の重陽祭。雅楽が奏でられるなか、不老長寿、除災招福を祈念する祝詞を奏上すると、冠に菊花を挿した舞人が舞楽を奉納。参拝者には菊の香りが爽やかな菊酒がふるまわれるほか、美容向上、健康向上が祈念された「美容と健康に効く（菊）お守り」が授与される（要申込）。

京都市右京区嵯峨朝日町23 ｜ MAP-D
京福電鉄嵐山本線車折神社駅からすぐ
13時～ ｜ 観覧自由

9日

重陽の節会
法輪寺
ちょうよう せちえ
ほうりんじ

法輪寺では、菊花のしずくから霊薬を得る「菊の着せ綿」にちなみ、本堂には菊慈童の人形が祀られ、色とりどりの綿が被せられた3本の菊が供えられる。また、この伝説を題材とする能「枕慈童（菊慈童）」の奉納も見所で、参拝者は菊の花を奉げて延命長寿を祈願する。

京都市西京区嵐山虚空蔵山町16 ｜ MAP-D
阪急嵐山線嵐山駅から徒歩5分 ｜ 13時～
観覧自由

10日

若冲忌
（じゃくちゅう き）
石峰寺
（せきほう じ）

江戸中期の日本画家・伊藤若冲が晩年を過ごしたとされる石峰寺。若冲の命日に行われる若冲忌では、本堂回向と墓前回向が行われるほか、若冲筆の掛軸も一般公開される。

京都市伏見区深草石峰寺山町26
MAP-B ｜ 京阪本線深草駅から徒歩5分
本堂回向、墓前回向　10時30分〜、
掛軸一般公開 〜17時 ｜ 拝観料 500円

上・中旬の金・土・日曜

秋の夜の観月の茶会
（あき　よ　かんげつ　ちゃかい）
高台寺
（こうだい じ）

豊臣秀吉の妻・ねねによって開かれた高台寺では、季節ごとに特別茶会が催されている。秋のこの季節には、茶室・湖月庵で一碗を楽しみながら、ライトアップされた庭園を拝観し、月や虫の音、秋草をしみじみと味わうことができる。

京都市東山区高台寺下河原町526
MAP-A ｜ 市バス・京都バス東山安井停留所から徒歩5分 ｜ 受付 17時〜18時（要申込） ｜ 参会費 6,000円（拝観料込・点心・喫茶付）

第2土曜
上賀茂紅葉音頭大踊り
（かみ が もみじおんどおおおど）
上賀茂神社
（かみ が もじんじゃ）

上賀茂神社・一の鳥居前広場にて行われるイベントで、浴衣に三巾前垂れをつけ、たすきがけをした女性が「近江八景」「草紙洗小町」などの音頭に合わせて踊るもみじ音頭は、京都市の無形民俗文化財にも登録されている。

京都市北区上賀茂本山339 ｜ MAP-A
市バス上賀茂神社前停留所からすぐ
20時〜 ｜ 観覧自由

14日
御鎮座記念祭・奉燈祭
（ごちんざきねんさい　ほうとうさい）
平野神社
（ひらのじんじゃ）

平安遷都の折、平野神社の祭神が現在の土地に遷されたことを記念する行事。神事の後、火打ち石で点火した火種で境内にろうそくを灯し、日本舞踊などが奉納される。

京都市北区平野宮本町1 ｜ MAP-A
市バス衣笠校前停留所から徒歩2分
御鎮座記念祭 10時〜、奉燈祭 18時〜
観覧自由

第2日曜

御田刈祭
(み た か り さい)

大原野神社
(おおはら の じんじゃ)

享保2年（1717年）から続く由緒ある祭りで、御田刈祭神事の後、少年横綱土俵入奉納や、神力士による神相撲神事などが行われる。途中、赤ちゃんの土俵入りがあることでも有名。

京都市西京区大原野南春日町1152 ｜ 市バス南春日町停留所から徒歩10分 ｜ 10時〜 ｜ 観覧自由

14日〜16日
三宅八幡宮秋季大祭
三宅八幡宮

三宅八幡宮の秋季大祭は「放生会」とも呼ばれ、生きとし生けるものの霊を慰め、国家安泰や五穀豊穣を祈る祭儀が行われる。仏教の殺生戒にもとづき、生きものを山野に放って供養することが多いが、古来子どもの守り神として信仰を集める三宅八幡宮では、小児の夜泣きや癪の虫封じなどの祈祷が有名。また、当日は子ども神輿が巡行するなど、多くの見物客で賑わう。

京都市左京区上高野三宅町22 │ MAP-E
市バス・京都バス八幡前停留所からすぐ
宵宮祭 14日13時〜、宝殿祭 15日9時〜
観覧自由

15日
放生会
本能寺

放生会は生き物に感謝し、生き物の霊を弔う意味をもつ仏教行事。本堂での法要の後、鴨川河川敷へ移動し、魚を放流するほか、参拝者には魚の形をした箸置きが配られる。

京都市中京区寺町通御池下ル下本能寺前町
522 │ MAP-A │ 地下鉄東西線京都市役
所前駅からすぐ │ 法要 14時〜、放生会 14
時40分〜 │ 観覧自由

15日

石清水祭
<small>いわし みずさい</small>

石清水八幡宮
<small>いわし みずはちまんぐう</small>

年間100余りの祭典が斎行される石清水八幡宮で、最も重儀とされているのが石清水祭。勅使が参向する勅祭であり、賀茂祭（葵祭）、春日祭と並び、三大勅祭のひとつに数えられる。その起源は平安時代に行われていた石清水放生会を起源とし、真夜中の神幸行列や、魚や鳥を放つ放生行事が大きな見所。

八幡市八幡高坊30 ｜ 京阪本線八幡市駅から徒歩5分 ｜ 2時〜20時 ｜ 行列・放生行事 観覧自由、参列 有料

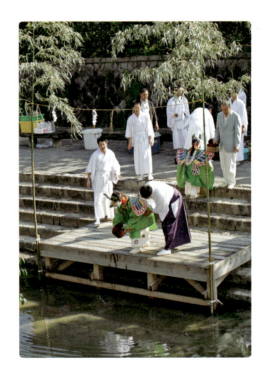

中 秋の名月

ぜんそく封じ へちま加持
赤山禅院

へちま加持は比叡山延暦寺の別院である
赤山禅院で、古くから天台の秘法として行
われてきた。比叡山の大阿闍梨が加持した
「へちまの御牘（おふだ）」を持ち帰り祈願
すると、ぜんそくや気管支炎に効果がある
といわれる。

京都市左京区修学院開根坊町18 ｜ MAP-A
市バス修学院離宮道停留所から徒歩15分
9時〜15時 ｜ 観覧自由、御牘料 3,000円

中 秋の名月の頃

名月祭
平野神社

神前にすすきや里芋、月見団子などを
供える神事に続いて、琴や尺八など
の演奏、日本舞踊や雅楽の奉納が行
われる。茶席もあり、日本の古来の月
見をゆったりと楽しむことができる。

京都市北区平野宮本町1 ｜ MAP-A
市バス衣笠校前停留所から徒歩2分
18時30分〜 ｜ 観覧自由

中秋の名月の頃

かんげつ　ゆう
観月の夕べ
だいかくじ
大覚寺

「観月の夕べ」は中秋の名月に嵯峨天皇が
大沢池に舟を浮かべ、貴族や文化人ととも
に月を愛でた故事にちなんで始まった。平
安時代の貴族たちは直接月を観ず、池や杯
に月を映して楽しんだという。池に浮かぶ
龍頭舟で月見を楽しめる。

京都市右京区嵯峨大沢町4 ｜ MAP-D
市バス・京都バス大覚寺停留所からすぐ
17時〜 ｜ 拝観料500円 (他有料)

中 秋の名月の頃

名月管絃祭
めいげつかんげんさい
下鴨神社
しもがもじんじゃ

昭和 38 年から一般公開されるようになっ
た名月管絃祭の起源は平安時代。秋の収
穫前に五穀豊穣・天下泰平を祈願した御
戸代会（みとしろえ）が伝わったものと考え
られている。境内で、尺八や箏の調べと名
月の共演に身をゆだね、十二単をまとった
平安の舞を楽しむことができる。参道では
京都の老舗が参加する「かがりび市」が開
かれる。

京都市左京区下鴨泉川町59 ｜ MAP-A
市バス下鴨神社前停留所からすぐ
17時30分〜 ｜ 観覧自由

18日・19日

豊国神社例祭・献茶祭
とよくにじんじゃれいさい　けんちゃさい

豊国神社
とよくにじんじゃ

祭神・豊臣秀吉の命日にちなんで行われる例祭。祭典には招待客しか参列できないが、舞楽奉納などは唐門から見ることが可能。献茶祭では藪内宗家家元により濃茶・薄茶が奉納される。

京都市東山区大和大路通正面茶屋町530
MAP-B │ 市バス博物館三十三間堂前停留所から徒歩6分 │ 11時〜 │ 観覧自由

第3または第4日曜前後

萩まつり
はぎ

梨木神社
なしのきじんじゃ

「萩の宮」ともいわれ、京都を代表する萩の名所として知られる梨木神社。毎年9月に行われる「萩まつり」の日には、参道から社殿前まで咲きみだれる萩の花を愛でる参拝者で賑わう。神饌とともに紅白の萩の花と鈴虫を竹のかごに入れて奉納する神事が行われるほか、拝殿では日舞や弓術披露、狂言などの奉納行事が行われる。また、境内の萩には献詠された短冊がさげられ、一層の趣を添える。

京都市上京区寺町通広小路上ル染殿町680
MAP-A │ 市バス府立医大病院前停留所から徒歩3分 │ 10時〜15時 │ 観覧自由

嵐山船上川施餓鬼
（あらしやませんじょうかわせがき）
大堰川
（おおいがわ）

水の事故で亡くなった人や、戦争で亡くなった人を供養するための法要。雅楽の奉納や本能寺の僧侶による読経が行われるなか、施餓鬼船が渡月橋の西岸より大堰川を上り、船上では供養の法要が奉修される。

京都市右京区嵯峨中ノ島町渡月橋付近
MAP-D ｜ 阪急嵐山線嵐山駅から徒歩5分
10時30分〜12時 ｜ 乗船料 2,000円（食事代別途・要申込）

21日

大般若経転読会
（だいはんにゃきょうてんどくえ）
養源院
（ようげんいん）

養源院にて１月、５月、９月に行われる行事で、大般若経600巻が要約・転読される。大聖歓喜天の御宝前で行われる法要の後、参詣者には餅や赤飯、お札などが授与される。

京都市東山区三十三間堂廻り町656
MAP-A ｜ 市バス博物館三十三間堂前停留所から徒歩3分 ｜ 13時30分〜 ｜ 拝観料志納

⑨ Sptember

21日〜23日

四国八十八ヶ所お砂踏法要
しこくはちじゅうはっかしょ すなふみほうよう
今熊野観音寺
いまくまのかんのんじ

四国八十八ヶ所への遍路が容易でない人のために、各霊場より砂を取り寄せ、本尊を祀って砂を敷き、順番にその砂を踏みながら参拝をすることで、四国遍路をなしとげるのと同じ功徳を積むことができるお砂踏法要。各霊場の御朱印が押された白衣（おいずる）を着て、しっかりと砂を踏みお参りをする参拝者の姿がある。

京都市東山区泉涌寺山内町32 ｜ MAP-B
市バス泉涌寺道停留所から徒歩10分
9時〜16時 ｜ 参拝冥加料 1,300円

第4月曜

櫛まつり
くし
安井金比羅宮
やすいこんぴらぐう

使い古した櫛やかんざしに感謝を込め、供養する祭。久志塚（櫛塚）へ櫛を納めた後、時代風俗行列が祇園界隈を練り歩く。古墳時代から現代の舞妓の髪型までを再現し、日本髪の美しさと結髪の伝統を伝える行事。

京都市東山区東大路松原通上ル下弁天町70 ｜ MAP-A ｜ 市バス・京都バス東山安井停留所からすぐ ｜ 13時〜15時 ｜ 観覧自由

秋 分の日とその前日

晴明祭
せいめいさい

晴明神社
せいめいじんじゃ

2日間にわたって執り行われる晴明祭。例祭前夜の宵宮祭では、湯立神楽が奉納され、無病息災を祈願する。秋分の日の午前に行われる例祭は、晴明神社において最も重要な祭儀。午後の神幸祭では神輿の渡御が行われ、少年鼓笛隊や、かわいらしく着飾った八乙女、四神稚児などを連れて氏子町内を練り歩く。

京都市上京区堀川通一条上ル晴明町806
MAP-A｜市バス一条戻橋・晴明神社前停留所から徒歩2分｜宵宮祭 前日19時〜21時頃、例祭 秋分の日10時〜12時頃、神幸祭 13時〜17時頃 観覧自由

秋分の日

高瀬川舟まつり
たかせがわふね
一之船入付近
いちのふないりふきん

江戸時代、物資輸送の要であった高
瀬川をより多くの人に知ってもらう
ために平成2年より始まったイベン
ト。復元された高瀬舟に乗船できるほ
か、舞妓による茶席やシャンソン、落
語、宝探し（子ども向け）などが行わ
れる。この日のみ、島津製作所創業
記念資料館、がんこ高瀬川二条苑の
庭園も無料開放される。

京都市中京区木屋町通二条下ル一ノ船入北
側｜MAP-A｜地下鉄東西線京都市役所
前駅から徒歩2分｜10時30分〜16時
観覧自由

第4日曜

名刺感謝祭
めいしかんしゃさい
恵美須神社
えびすじんじゃ

昭和53年、名刺塚が建立されたこと
を契機に、恵美須神社では毎年名刺
感謝祭が行われている。肩書が変わっ
て使わなくなった名刺やミスプリント
の名刺などを焚き上げ、新しい名刺の
前途を祈願する。

京都市東山区大和大路通四条下ル小松町
125｜MAP-A｜京阪本線祇園四条駅から
徒歩6分｜14時〜｜観覧自由

最 終4日曜

たき お じんじゃしんこうさい
瀧尾神社神幸祭
たき お じんじゃ
瀧尾神社

拝殿の天井に全長 8m もの木彫りの龍がいることで知られる瀧尾神社の神幸祭。神社を出発した女神輿と神輿が泉涌寺にて読経を受ける、神仏習合の形式で営まれる祭。

京都市東山区本町11-718 ｜ MAP-B ｜ JR奈良線・京阪本線東福寺駅から徒歩3分 ｜ 10時～
観覧自由

10月1日に近い日曜

いんしょう き がんさい
印章祈願祭
しもがもじんじゃ
下鴨神社

下鴨神社にある印璽社（いんじしゃ）には印章の神様が祀られており、毎年10月1日に近い日曜日には全国の印章業者のための印章祈願祭が行われ、使われなくなった印鑑を印納社に埋納する神事が奉納される。神事は関係者のみの行事だが、一般参拝者も見学できる「十二単衣と王朝の舞」や篆刻（てんこく）体験教室、印章彫刻の実演など、さまざまな行事が催される。

京都市左京区下鴨泉川町59 ｜ MAP-A
市バス下鴨神社前停留所からすぐ ｜ 14時～
観覧自由

ANOTHER EVENT　9月 その他の行事

3日	三九郎稲荷祭 <small>さん く ろういなり さい</small>	折上稲荷神社 <small>おりがみいなり じんじゃ</small>
9日	重陽祭 <small>ちょうようさい</small>	市比賣神社 <small>いち ひ め じんじゃ</small>
9日	菊花神事 <small>きっ か しん じ</small>	貴船神社 <small>き ふねじんじゃ</small>
11日	開山忌 <small>かいざん き</small>	六波羅蜜寺 <small>ろく は ら みつ じ</small>
第2土曜	名月の宴 <small>めいげつ うたげ</small>	勝竜寺城公園 <small>しょうりゅう じ じょうこうえん</small>
15日	義経祭 <small>よしつねさい</small>	鞍馬寺 <small>くら ま でら</small>
敬老の日	萩供養 <small>はぎ く よう</small>	常林寺 <small>じょうりん じ</small>
敬老の日	敬老祭 <small>けいろうさい</small>	地主神社 <small>じ しゅじんじゃ</small>
9月上旬〜12月上旬	花の天井特別拝観 <small>はな てんじょうとくべつはいかん</small>	平岡八幡宮 <small>ひらおかはちまんぐう</small>
19日	法皇忌 <small>ほうおう き</small>	萬福寺 <small>まんぷく じ</small>
21日	お砂踏み <small>すな ふ</small>	東寺 <small>とう じ</small>
秋分の日	秋分祭 <small>しゅうぶんさい</small>	貴船神社 <small>き ふねじんじゃ</small>
秋分の日	秋季彼岸会 <small>しゅう き ひ がん え</small>	三千院 <small>さんぜんいん</small>
下旬	御香宮神能 <small>ご こうのみやしんのう</small>	御香宮神社 <small>ご こうのみやじんじゃ</small>

etc.

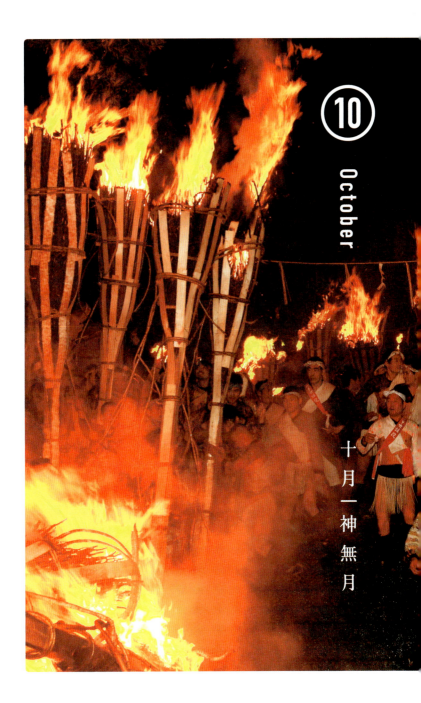

⑩

October

十月一神無月

EVENT CALENDER イベントカレンダー

	1	2	3	4	5	6	7	8	9	10	11	12	13	14

ずいき祭〈北野天満宮〉　1 ○ ―――――→ 5

秋季金比羅大祭〈安井金比羅宮〉　1 ――――――――――――→ 10

北政所茶会〈高台寺〉　6 ○

栗御供祭〈八大神社〉　… 上旬の日曜もしくは土曜 …

紫式部祭〈平野神社〉　… 第1日曜 …

粟田祭〈粟田神社〉　… 体育の日の前々日から当日、15日 …

北白川天神宮秋季大祭〈北白川天神宮〉　… 体育の日の前の日曜 …

八瀬赦免地踊〈秋元神社〉　… 体育の日の前の日曜 …

宝永祭〈六孫王神社〉　… 体育の日 …

えと祈願祭〈下鴨神社〉　… 中旬 …

御香宮神幸祭〈御香宮神社〉　… 上旬の9日間 …

策伝忌〈京都誓願寺〉　… 上旬の日曜日 …

春日祭〈西院春日神社〉　… 第2土・日曜 …

人形供養祭〈宝鏡寺〉　○

今様合〈法住寺〉　○

平岡八幡宮例祭〈平岡八幡宮〉　… 第2日曜 …

吉祥院天満宮例祭〈吉祥院天満宮〉　… 13日に近い日曜 …

	1	2	3	4	5	6	7	8	9	10	11	12	13	14

○ 人形感謝祭〈法輪寺〉

……… 16日に近い日曜とその一週間前 ……… 炬火祭〈三栖神社〉

○ 宵宮祭〈由岐神社〉
　　○ 船岡大祭〈建勲神社〉
普度勝会〈萬福寺〉 ……… 第3土・日曜 ………
百味御食〈涌出宮〉　　 第3日曜
城南祭〈城南宮〉　　　 第3日曜
二十五菩薩お練り供養法会〈即成院〉 第3日曜
斎宮行列〈野宮神社〉　 第3日曜
笠懸神事〈上賀茂神社〉 第3日曜
　　　　　　○ 時代祭〈平安神宮〉
　　　　　　○ 鞍馬の火祭〈由岐神社〉
……… 23日に近い土曜 ……… 石座神社例大祭〈石座神社〉
　　　　　　○ 烏帽子着〈木野愛宕神社〉
　　　　○──────▶ 亀岡祭〈亀岡市旧城下町〉
　　　　　　　○ 抜穂祭〈伏見稲荷大社〉
　　　　　　　　○ 鰻放生大祭〈三嶋神社祈願所〉
神楽岡社神幸祭〈吉田神社〉 ……… 第4日曜 ………
余香祭〈北野天満宮〉 ○

宇治田楽まつり〈府立宇治公園〉 ……… 下旬の土・日曜 ………

1日〜5日

ずいき祭 (まつり)
北野天満宮 (きたのてんまんぐう)

祭りの起源は村上天皇の時代といわれ、秋の収穫期に五穀豊穣を感謝したことに由来するとされる。還幸祭で渡御する「ずいき神輿」は、里芋の茎であるずいきで屋根を葺き、神輿の各部は穀物や蔬菜（そさい）、湯葉、麩などですき間なく覆われている。謡曲や昔話に登場する人物のオブジェも付けられた神輿以外にも、鳳輦や松鉾は見ごたえがある。

京都市上京区馬喰町｜MAP-A
市バス北野天満宮前停留所からすぐ
神幸祭 1日9時30分〜、献茶祭 2日10時〜、甲御供奉饌 3日15時〜、還幸祭 4日10時〜、后宴祭 5日15時30分〜｜観覧自由

1日～体育の日もしくは10日

秋季金比羅大祭
安井金比羅宮

安井金比羅宮の年中祭事のうち最も重要な祭で、祭神が遷された鳳輦が本殿前の拝殿に飾られるため、祭神の神徳を近くに感じることのできる重要な機会となる。1日の御斎竹神事にはじまり、出御祭、宵宮祭などさまざまな行事が行われる。体育の日の前日に行われる神幸行列では、鳳輦と宝船を模した花車が氏子町内を渡御する。

京都市東山区東大路松原通上ル下弁天町70
MAP-A ｜ 市バス・京都バス東山安井停留所から
すぐ ｜ 神幸行列 体育の日の前日14時30分～
観覧自由

6日

北政所茶会
高台寺

豊臣秀吉の妻・ねねによって開かれた高台寺では、「北政所」の呼び名で知られるねねの月命日にちなんで、毎年10月6日に大茶会が開かれる。当日は5つの茶席と点心席が設けられるほか、島原太夫による太夫道中が行われるなど、情趣溢れる茶会。

京都市東山区高台寺下河原町526
MAP-A ｜ 市バス・京都バス東山安井停留所
から徒歩5分 ｜ 受付 8時～15時（要申込）
茶券 11,000円（当日券なし）

上旬の日曜もしくは土曜

栗御供祭
<small>くりごくさい</small>

八大神社
<small>はちだいじんじゃ</small>

年間7回行われる八大神社の御供祭のうち、秋の実りに感謝するとともに重陽の節句を旧暦で祝う神事が栗御供祭。蒸したもち米を昔から伝わる特別な円錐形の木型に詰めてつくる供え物・御供とともに柿・栗をお供えし、五穀豊穣を願う。また同日、秋の湯立祭が行われる。

京都市左京区一乗寺松原町1 ｜ MAP-A
市バス一乗寺下り松町停留所から徒歩7分
10時〜 ｜ 観覧自由

第1日曜

紫式部祭
<small>むらさきしきぶさい</small>

平野神社
<small>ひらのじんじゃ</small>

桜の名所として知られる平野神社では、夏に花を咲かせ、秋に実をつける紫式部の見頃に合わせて紫式部祭が斎行される。本殿前で修祓（しゅばつ）の儀が行われ、続く献茶の儀では拝殿にて速水流家元による献茶が奉納される。すべての神事を終えると、茶席では抹茶とお菓子が参拝者にふるまわれる。なお、開催日は年によって変動あり。

京都市北区平野宮本町1 ｜ MAP-A
市バス衣笠校前停留所から徒歩2分
10時30分〜 ｜ 観覧自由

体育の日の前々日から当日、15日

粟田祭
（あわ た まつり）
粟田神社
（あわ た じんじゃ）

旅行安全の神社としても知られる粟田神社最大の祭礼神事。室町時代に祇園会（祇園祭）が中断されていた時期には、この祭りがその代わりとされたと伝わる。体育の日の前々日に行われる「出御祭」、前日の「夜渡り神事」、当日の「神幸祭」と「還幸祭」、15日の「例大祭」と見所の多い行事で、特に夜渡り神事の「粟田大燈呂」が闇夜を鮮やかに彩る風景は必見。

京都市東山区粟田口鍛冶町1 ｜ MAP-A
地下鉄東西線東山駅から徒歩7分
出御祭 体育の日前々日10時〜、夜渡り神事 体育の日前日18時〜22時頃、神幸祭・還幸祭 体育の日11時45分〜18時、例大祭 15日11時〜12時
観覧自由

⑩ October

体育の日の前の日曜

北白川天神宮秋季大祭
きたしらかわてんじんぐうしゅうきたいさい

北白川天神宮
きたしらかわてんじんぐう

北白川天神宮の秋季大祭は、還幸祭に合わせてさまざまな行事が行われる。還幸祭の1週間前、ここでしか見られない鋭い山型の神饌を奉納する高盛献饌に始まり、3日前には神幸祭、前日には宵宮があり大いに賑わう。還幸祭当日は、白川太鼓の囃子に合わせて剣鉾・神輿をはじめ、女神輿、子供神輿、子供白川女の行列が氏子地域を練り歩く。

京都市左京区北白川仕伏町42 ｜ MAP-A
市バス北白川別当町停留所から徒歩8分
高盛献饌 還幸祭1週間前 8時〜、神幸祭 還幸祭3日前15時〜、宵宮 還幸祭前日18時〜、還幸祭当日13時30分〜 ｜ 観覧自由

体育の日の前の日曜

八瀬赦免地踊
やせしゃめんちおどり

秋元神社
あきもとじんじゃ

「洛北の奇祭」として名高い八瀬赦免地踊は、比叡山との境界争いを巡って、八瀬側に有利な裁定を下した老中・秋元但馬守喬知に感謝を示す踊りで、江戸中期に始まったとされる。祭りの中心は、室町時代の風流踊りの面影を残すともいわれる「切子灯籠」で、この灯籠を頭に載せて女装した少年8人と、花笠をつけた少女10人が音頭取りの歌につれて踊る。

京都市左京区八瀬秋元町 ｜ MAP-E（八瀬天満宮社）｜ 京都バスふるさと前停留所から徒歩5分
19時頃〜 ｜ 観覧自由

体育の日

宝永祭
六孫王神社

ほうえいさい
ろくそんのうじんじゃ

通称「六孫まつり」としても知られる、氏
子の安泰を祈る祭り。江戸幕府 5 代将軍
徳川綱吉が神社を再興して宝永 4 年（1707
年）に行った盛大な祭を今に受け継ぐ。神
幸祭が営まれた後、神幸列で東西南北そ
れぞれの守護神である青龍・白虎・朱雀・
玄武を表す面を着けた鬼が先頭に立ち、神
輿などが氏子地域を巡行する。

京都市南区壬生通八条角 ｜ MAP-B
市バス六孫王神社前停留所から徒歩3分
10時〜、神輿巡行 13時〜 ｜ 観覧自由

上 旬の9日間

御香宮神幸祭
ごこうのみやしんこうさい

御香宮神社
ごこうのみやじんじゃ

伏見全町の総氏神である御香宮神社。1日目と8日目に行われる花傘総参宮では、伏見の各町が趣向を凝らした花傘を掲げて参拝。最終日には神輿が渡御し、フィナーレを飾る。

京都市伏見区御香宮門前町174 ｜ MAP-B
JR奈良線桃山駅・近鉄京都線桃山御陵前駅から徒歩5分 ｜ 7時〜21時頃（行事により異なる）
観覧自由

上旬の日曜日

策伝忌
京都誓願寺

落語発祥の地として知られる誓願寺では、毎年10月上旬の日曜日に策伝忌が営まれる。第五十五世法主・安楽庵策伝上人は、優れた説教師であるとともに文化人で、小難しくなりがちな説教を分かりやすく、また親しみやすく説き、それらの話を集めた『醒睡笑（せいすいしょう）』という書物は後世、落語のネタ本となった。当日は追慕の法要とともに、奉納落語会が開催される。

京都市中京区新京極桜之町453 ｜ MAP-A
市バス河原町四条停留所・河原町三条停留所から徒歩5分 ｜ 14時〜 ｜ 観覧自由

第2土・日曜

春日祭
西院春日神社

江戸時代初期に製作された2基の神輿と、5基の剣鉾を中心に巡行する。神輿が還御直前に拝殿を3度回る、「西院の拝殿回り」が見所。春日通は歩行者天国になり、約200店の露店が並んで大いににぎわう。

京都市右京区西院春日町61 ｜ MAP-A
阪急京都線西院駅から徒歩3分 ｜ 12時〜
観覧自由

14日

にんぎょう く ようさい
人形供養祭
ほうきょうじ
宝鏡寺

金木犀の名所として知られる宝鏡寺は人形の寺としても有名で、春と秋に人形展、そして10月には人形供養祭が行われる。当日は持ち込まれた人形が並べられ、1年に1度の総供養として盛大に法要が営まれる。法要後、島原太夫による奉納舞が行われる。

京都市上京区寺之内通堀川東入百々町547
MAP-A｜市バス堀川寺之内停留所からすぐ
10時〜15時｜拝観料 600円

14日

今様合
いまようあわせ

法住寺
ほうじゅうじ

承安4年（1174年）、9月1日から15日間の毎夜行われた「今様合」ゆかりの地・法住寺の恒例行事。後白河法皇が愛好したといわれる今様の保存と復興のために開催されている。阿弥陀堂法皇像の御宝前にて法要が営まれた後、その日に出された歌題から歌人が今様歌一首を即興で作り、平安朝の衣装をつけた楽人、舞人が即興で歌舞を演じる。

京都市東山区三十三間堂廻り町655｜MAP-B
市バス博物館三十三間堂前停留所から徒歩5分
15時〜｜参加料1,000円

249

第2日曜

ひらおかはちまんぐうれいさい
平岡八幡宮例祭
ひらおかはちまんぐう
平岡八幡宮

豊作を祈り、三役相撲や鉾差しが奉納される。拝殿前で行われる三役相撲は江戸時代前期から続く伝統行事で、鉾差しとともに京都市の重要無形民俗文化財に指定されている。青年と小学生が対戦し、努力すれば子どもも大人に勝てるということを諭すため、必ず小学生に軍配が上がる。

京都市右京区梅ケ畑宮ノ口町23 ｜ MAP-D
市バス平岡八幡前停留所から徒歩3分
三役相撲 10時〜、鉾差し 14時〜 ｜ 観覧自由

13日に近い日曜

きっしょういんてんまんぐうれいさい
吉祥院天満宮例祭
きっしょういんてんまんぐう
吉祥院天満宮

10月に行われる例祭は、吉祥院天満宮の年中行事の中で最も重要な祭儀。神前に柿や御神酒を供える柿御供にはじまり、巫女による「剣の舞」「鈴の舞」の奉納や火焚神事が行われ、氏子地域の五穀豊穣や無病息災を祈願する。また吉祥天女社では大般若経転読会が行われるほか、境内ではぜんざいの無料接待がある。

京都市南区吉祥院政所町3 ｜ MAP-B
市バス吉祥院天満宮前停留所から徒歩5分
13時〜 ｜ 観覧自由

15日

にんぎょうかんしゃさい
人形感謝祭
ほうりんじ
法輪寺

十三参りで知られる嵐山・法輪寺で行
われる人形感謝祭は、昭和44年に老
舗人形店「京都島津」が客から預かっ
た人形を供養したことをきっかけに始
まった。境内の北側には人形塚があり、
ひな人形やぬいぐるみなど長年親し
んだ人形が多数奉納され、丁寧に供
養される。

京都市西京区嵐山虚空蔵山町16 ｜ MAP-D
阪急嵐山線嵐山駅から徒歩5分 ｜ 10時〜
観覧自由

中旬

きがんさい
えと祈願祭
しもがもじんじゃ
下鴨神社

またの名を「繁昌大国祭」ともいい、
豊かな実りに感謝し、大国主命に舞楽
や民謡を奉納する祭り。境内には模擬
店が並び、福引きなども行われ、1日
中多くの人で賑わう。

京都市左京区下鴨泉川町59 ｜ MAP-A
市バス下鴨神社前停留所からすぐ
神事 13時30分〜 ｜ 観覧自由

10 October

16日に近い日曜とその一週間前

炬火祭
たいまつまつり

三栖神社
み　す　じんじゃ

壬申の乱（672年）の折、天武天皇が三栖
の地を通過したときに村人が炬火を灯して
暗夜を照らし先導したという故事に由来す
る祭。見所は何と言っても、神幸祭で竹
田街道を練り歩く巨大な炬火。芯の直径
が 1.2m、火をつける頭部が 4m の大規模
な炬火は、立てたままでは動かせないため
横に寝かせ、約 30 人が担ぐ巨大な炬火が
火の粉を散らしながら巡行し、祭神を遷し
た神輿を御旅所へ先導する。還幸祭では、
神獅子の巡行のほか、稚児行列、そして神
輿の渡御が行われる。

伏見区三栖向町773-1 │ 京阪本線中書島駅から
徒歩5分 │ 神幸祭 還幸祭1週間前20時～、還幸
祭 16日に近い日曜7時～│ 観覧自由

16日

宵宮祭
よいみやさい
由岐神社
ゆきじんじゃ

22日に行われる鞍馬の火祭が無事に執り行われるよう祈念して、1週間前に行われる由岐神社の宵宮祭。本殿前に保存会の役員らが集まり、火祭を取り仕切る住民組織・七仲間に属する各組頭は長さ1mほどの松明をかかげ参加する。宵宮祭の後、七仲間のひとつである名主仲間（みょうしゅなかま）が、祭に参加することのできる各戸にお祓いを受けた榊の小枝をさしてまわる「いみさし」を行う。

左京区鞍馬本町1073 ｜ MAP-E
叡山電鉄鞍馬線鞍馬駅から徒歩5分
20時〜 ｜ 観覧自由

19日

ふ な お か た い さ い
船岡大祭
け ん く ん じ ん じ ゃ
建勲神社

船岡山に鎮座する建勲神社のこの祭礼は、祭神・織田信長の勲功を讃えるために始まった。信長が上洛した日に開催されており、信長が好んだと伝わる幸若舞「敦盛」が奉納されるほか、年によっては火縄銃演武も行われる。

京都市北区紫野北舟岡町49 ｜ MAP-A
市バス船岡山停留所・建勲神社前停留所から徒歩9分 ｜ 11時〜 ｜ 観覧自由

第3土・日曜

普度勝会
ふ ど しょう え

萬福寺
まんぷくじ

中国情緒あふれる萬福寺で行われる普度
勝会は、日本在住の華僑（かきょう）が祖
先の霊を慰めるために行う中国式の先祖供
養。竹と紙で作られたあの世の家「冥宅（め
いたく）」が立ち並び、きらびやかな装飾の
須弥壇（しゅみだん）には中国菓子や料理
が供えられる。最終日には爆竹の鳴るなか、
獅子踊りの奉納や鯉を池に放つ放生会が
行われるほか、夜の施餓鬼法要から中国式
お火焚きと見所満載。

宇治市五ヶ庄三番割34 ｜ JR奈良線・京阪宇治線
黄檗駅から徒歩5分 ｜ 終日 ｜ 拝観料 500円

第3日曜

ひゃくみのおんじき
百味御食
わきいでのみや
涌出宮

宮座という伝統的な氏子組織に支えられた祭祀行事を宮座行事といい、木津川市の涌出宮で行われる百味御食もそのひとつ。宮座衆約20人が地域でとれた果物や野菜などの収穫物を手渡しで運んでお供えし、豊作への感謝を捧げる。

木津川市山城町平尾里屋敷54 ｜ JR奈良線棚倉駅からすぐ ｜ 9時〜 ｜ 観覧自由

第3日曜

じょうなんさい
城南祭
じょうなんぐう
城南宮

江戸時代、貴重な餅を参拝者におしみなくふるまったことから別名「餅祭り」と呼ばれる。約1.5tもある壮麗な3基の神輿が渡御し、氏子地域を練り歩く。

京都市伏見区中島鳥羽離宮町7 ｜ MAP-B
地下鉄烏丸線・近鉄京都線竹田駅から徒歩15分
9時〜 ｜ 観覧自由

第3日曜

二十五菩薩お練り供養法会
即成院
<small>にじゅうごぼさつ ね くようほうえ</small>
<small>そくじょういん</small>

国の重要文化財「阿弥陀如来と二十五菩薩」を有する即成院で行われる法要。極楽浄土に見立てた本堂から現世に見立てた地蔵堂の間に渡された橋を、二十五菩薩が次々に渡っていく。

京都市東山区泉涌寺山内町28 ｜ MAP-B
市バス泉涌寺道停留所から徒歩7分 ｜ 13時〜
特別拝観料 1,000円

第3日曜

斎宮行列
さいぐうぎょうれつ

野宮神社
ののみやじんじゃ

かつて斎宮が3年に及ぶ潔斎の日々を送った野宮神社。斎宮行列は、斎宮が神嘗祭に合わせて伊勢神宮に旅立つ故事を再現したもの。およそ660年にわたり行われ、64人の斎宮を送り出したと伝わる。行列は神社を出発すると嵯峨嵐山駅を経由し、禊の儀を行う大堰川へと向かう。斎宮代や女官、官人など、約150人が平安装束を身にまとい練り歩く王朝絵巻のような行事。

京都市右京区嵯峨野宮町1 ｜ MAP-D
JR嵯峨野線嵯峨嵐山駅から徒歩10分
12時〜 ｜ 観覧自由

第3日曜

笠懸神事
かさがけしんじ
上賀茂神社
かみがもじんじゃ

平成17年、800年ぶりに復活した上賀茂神社の笠懸神事。約5m離れた40cm四方の的を射る遠笠懸と、地面近くに立てられた10数cm四方の的を射る小笠懸があり、すばやく左右の的を射る高度な技術が求められる。笠懸の奉納は主に関東地方で行われており、関西地方で見られるのは上賀茂神社のみ。また神社奉納として行われるのは全国でも唯一。

京都市北区上賀茂本山339 ｜ MAP-A
市バス上賀茂神社前停留所からすぐ
13時～ ｜ 観覧自由

22日

じ だい まつり
時代祭
へいあんじんぐう
平安神宮

京都市左京区岡崎西天王町 ｜ MAP-A
市バス岡崎公園 美術館・平安神宮前停留所から
徒歩5分 ｜ 時代祭宣状祭 15日13時30分、時代
祭前日祭 21日10時〜、時代祭 22日7時〜、時代
祭後日祭 23日10時〜 ｜ 観覧自由、有料観覧席
2,050円

5月の葵祭、7月の祇園祭とともに、京都
三大祭に数えられる時代祭は、平安神宮
の創建と平安遷都1100年を祝して明治時
代に始まった新しい祭。祭の無事を祈願す
る15日の時代祭宣状祭に始まり、21日の
前日祭、祭の主役である22日の時代行列、
そして23日の後日祭で閉幕となる。桓武
天皇と孝明天皇の神幸列にお供する時代

行列は華美壮麗で、全20列総勢約2000
人、鳳輦2基、牛車1台、馬75頭、牛2
頭の大行列が都大路を闊歩する。平安時
代から明治維新まで、厳密な時代考証に
基づいて忠実に再現されたそれぞれの衣
装や祭具には、京都の伝統工芸の技術が
傾注されている。

時代行列参進マップ

※先導が通過する目安の時刻

時代行列タイムスケジュール

8:00… 神幸祭
9:00… 神幸列が平安神宮を出発
10:30… 京都御所建礼門前で行在所祭
12:00… 時代行列、神幸列が 建礼門前を出発
14:30… 平安神宮到着
16:00… 大極殿祭、還幸祭

22日

くらま ひまつり
鞍馬の火祭
ゆ き じんじゃ
由岐神社

「鞍馬の火祭」として知られる由岐神社の例祭。鞍馬太鼓が盛大に打ち鳴らされるなか、松明を担いだ一行は「サイレイ、サイリョウ」と囃しながら山門へと向かう。山門前の石段に100本以上の松明が集まって炎がひしめく20時頃、石段奥の注連縄が切られると、松明が一カ所に集められて焼かれる。真っ赤に照らされた神社から2基の神輿が渡御する姿は雄壮で美しい。

左京区鞍馬本町1073 ｜ MAP-E ｜ 叡山電鉄鞍馬線鞍馬駅から徒歩5分 ｜ 18時〜 ｜ 観覧自由

23日に近い土曜

石座神社例大祭
石座神社

石座神社の火祭りとも呼ばれるこの例大祭は、旧岩倉村の6つの町内で構成される六座による行事で、朝神事と昼神事の2部構成で行われる。朝神事は未明に始まり、午前2時30分からの神事の後、大松明に点火。松明が燃え尽きた後、神輿が1km離れている御旅所に向かって出発する。昼神事は14時に御旅所を出発した神輿行列が神社に到着し神事が行われた後、拝殿前で岩倉踊が奉納される。

京都市左京区岩倉上蔵町302 ｜ MAP-E
京都バス岩倉実相院停留所から徒歩2分
2時30分〜 ｜ 観覧自由

23日

烏帽子着
木野愛宕神社

左京区木野の愛宕神社では、数え年16歳になった少年たちの元服式である烏帽子着が行われる。神事に続き、少年は裃の正装で、宮座の杯事（さかずきこと）の饗応を行う。答礼に大人たちは祝いの謡曲を披露する。神前には編んだ藁で赤飯を包んだ「ゆり膳」、柿、栗、鶏頭、菊などで盛られた「花膳」、季節の野菜を盛られた一の膳、二の膳など31ものお供えが並ぶ。

京都市左京区岩倉木野町266 ｜ MAP-E
叡山電鉄鞍馬線木野駅から徒歩3分
20時〜 ｜ 観覧自由

23日～25日

かめおかまつり
亀岡祭
かめおか し きゅうじょう か まち
亀岡市旧城下町

亀岡祭は10月中にわたって行われる鍬山神社の例祭で、中でも10月23日から25日までの3日間催行される「山鉾行事」では「曳山（ひきやま）」や「舁山（かきやま）」が城下町を彩ることから、「丹波の祇園祭」ともいわれる。23日朝から山鉾が建てられるなか、23日・24日には旧城下町一帯にあんどんが置かれ、街は祭ムード一色に。25日は10時から11基の山鉾が巡行し、亀岡の町がおおいに賑わう。

亀岡市旧城下町一帯 ｜ JR嵯峨野線亀岡駅下車
山鉾巡行 25日10時～13時 ｜ 観覧自由

25日

ぬきほさい
抜穂祭
ふしみいなりたいしゃ
伏見稲荷大社

6月の田植祭で植えられ、無事成長した稲を刈り取る祭り。収穫した米は11月23日の新嘗祭に神前に供えられ、稲藁は火焚祭で焚きあげられる。

京都市伏見区深草藪之内町68 ｜ MAP-B
JR奈良線稲荷駅からすぐ ｜ 11時〜
参拝自由

26日

うなぎほうじょうたいさい
鰻放生大祭
みしまじんじゃきがんしょ
三嶋神社祈願所

うなぎを神様の使いとしている三嶋神社では、社紋の「三」が3匹のうなぎを表しているという故実により、毎年全国のうなぎ業者が参加して行われる鰻放生大祭がある。三嶋神社本宮ではなく、瀧尾神社内にある三嶋神社の祈願所にて、3匹のうなぎが境内の神池に放生され、殺生を慎み、うなぎの霊を弔うとともに、うなぎ業者の商売繁昌を祈願する。

京都市東山区本町11丁目718番地瀧尾神社境内 ｜ MAP-B（瀧尾神社）｜京阪本線・JR奈良線東福寺駅から徒歩3分 ｜ 14時〜
観覧自由

第4日曜
神楽岡社神幸祭
かぐらおかしゃしんこうさい
吉田神社
よしだじんじゃ

神楽岡社は吉田神社の摂社で、古くから
水と雷除の神様として信仰され、一説には
吉田神社造営以前から祀られているともい
われる。毎年10月下旬に神幸祭が行われ、
神事を終えた11時より、太鼓を先頭に祭
神を遷した鳳輦、獅子舞、子供神輿などが
氏子地域を巡行する。

京都市左京区吉田神楽岡町30 ｜ MAP-A
市バス京大正門前停留所から徒歩5分
10時30分〜 ｜ 観覧自由

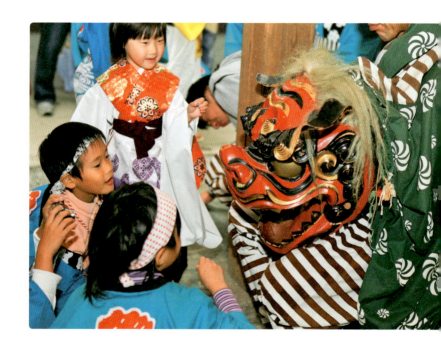

29日

余香祭
北野天満宮
（よこうさい）
（きたのてんまんぐう）

宮中の重陽の宴の際、菅原道真公が詠んだ詩に感銘を受けた醍醐天皇から御衣を賜ったことを、一年後に左遷先の大宰府で追想して詩を詠んだという故事に由来する祭。全国から寄せられた献詠の中から選出して、神前にて披露する。また、当日は神前に黄菊、白菊を飾り、神職全員が冠に小菊をかざして奉仕する。

京都市上京区馬喰町 ｜ MAP-A ｜ 市バス北野天満宮前停留所からすぐ ｜ 14時〜
観覧自由

下旬の土・日曜

宇治田楽まつり
京都府立宇治公園
（うじでんがく）
（きょうとふりつうじこうえん）

平安時代、宇治の白川には京都や奈良の祭礼で華やかに田楽を演じていた「本座」と呼ばれる芸能集団があったと伝えられる。長らく失われていた宇治田楽を復興するべく平成10年より活動を開始し、今では宇治田楽まつりとして地域を盛り上げる。獅子舞や龍舞をはじめ、伝統的な茶摘歌、大陸渡来の散楽など、さまざまな芸能が披露される。

宇治市宇治塔川 ｜ 京阪宇治線宇治駅から徒歩5分 ｜ 土曜14時〜、日曜15時〜（雨天時は宇治市文化会館にて18時〜）
観覧自由

ANOTHER EVENT　10月 その他の行事

4・5日	達磨忌 (だるまき)	妙心寺 (みょうしんじ)
8・9日	今宮神社例祭 (いまみやじんじゃれいさい)	今宮神社 (いまみやじんじゃ)
上旬の5日間	寿会 (ことぶきかい)	上七軒歌舞練場 (かみしちけんかぶれんじょう)
上旬の6日間	温習会 (うんしゅうかい)	祇園甲部歌舞練場 (ぎおんこうぶかぶれんじょう)
10月上旬〜11月	菊花展 (きっかてん)	泉涌寺 (せんにゅうじ)
23日	壬生大念仏狂言 (みぶだいねんぶつきょうげん)	壬生寺 (みぶでら)
第2月曜までの3日間	五大虚空蔵菩薩像御開帳 (ごだいこくうぞうぼさつぞうごかいちょう)	神護寺 (じんごじ)
第2月曜までの3日間	観月祭 (かんげつさい)	白峯神宮 (しらみねじんぐう)
満月の日	日向大神宮例祭 (ひむかいだいじんぐうれいさい)	日向大神宮 (ひむかいだいじんぐう)
16日・17日	百味の御食 (ひゃくみのおんじき)	白山神社 (宇治市) (しらやまじんじゃ)
17日・18日	二十日ゑびす大祭 (はつかゑびすたいさい)	恵美須神社 (えびすじんじゃ)
19・20日	清水焼の郷まつり (きよみずやきのさとまつり)	清水焼団地 (きよみずやきだんち)
第3金・土・日曜 第3日曜	天門祭 (てんもんさい)	大将軍八神社 (だいしょうぐんはちじんじゃ)
10月下旬から1週 間程度	庭園の特別公開 (ていえんのとくべつこうかい)	真如院 (しんにょいん)

etc.

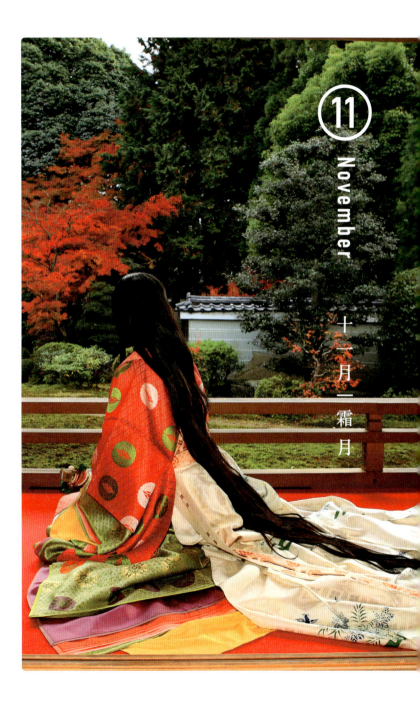

11

November

十一月 ｜ 霜月

EVENT CALENDER イベントカレンダー

	1	2	3	4	5	6	7	8	9	10	11	12	13	14
秋の古本まつり〈知恩寺〉	10月下旬～11月上旬の5日間													
もみじ苑公開〈北野天満宮〉	10月下旬～12月上旬													
亥子祭〈護王神社〉	○													
曲水の宴〈城南宮〉			○											
明治祭〈八坂神社〉			○											
お火焚祭〈道風神社〉			○											
秋まつり〈狸谷山不動院〉			○											
お十夜〈真如堂〉					○—————									
神泉苑大念仏狂言〈神泉苑〉	第1金曜から3日間													
御火焚祭〈貴船神社〉							○							
火焚祭〈伏見稲荷大社〉								○						
お火焚祭〈由岐神社〉									○					
若一講社大祭お火焚祭〈若一神社〉									○					
火焚祭〈新日吉神宮〉														○
うるし祭〈法輪寺〉														○
夕霧祭〈清凉寺〉							第2日曜							
嵐山もみじ祭〈大堰川 (渡月橋上流)〉							第2日曜							
空也開山忌〈光勝寺極楽院〉							第2日曜							
天狗の宴〈愛宕念仏寺〉							第2日曜							

	1	2	3	4	5	6	7	8	9	10	11	12	13	14

15 16 17 18 19 20 21 22 23 24 25 26 27 28 29 30

○ 身代不動尊大祭〈法住寺〉
○ 伴緒社祭〈白峯神宮〉
○ 龍馬祭〈京都霊山護國神社〉
○ お火焚祭〈恵美須神社〉

筆供養〈正覚庵〉○
数珠供養〈赤山禅院〉○
新嘗祭〈白峯神宮〉○
塩竈清祭〈十輪寺〉○
まねきあげ〈南座〉○
御茶壺奉献祭・口切式〈北野天満宮〉○

小町祭〈随心院〉…… 下旬～12月上旬の約2週間

15 16 17 18 19 20 21 22 23 24 25 26 27 28 29 30

10月下旬〜11月上旬の5日間

秋の古本まつり
知恩寺

京都古書研究会によって開催される古本の即売会で、「春の古書大即売会」「下鴨納涼古本まつり」とともに京の三大古本まつりとも呼ばれる。全集・大型本コーナーなどが設けられるほか、チャリティーオークションも行われる。また、初日には御影堂にて古書供養法要が営まれる。

京都市左京区田中門前町103 ｜ MAP-A ｜ 市バス百万遍停留所からすぐ ｜ 10時〜17時（古書供養 初日9時15分〜） ｜ 観覧自由

10月下旬〜12月上旬

もみじ苑公開
北野天満宮

境内西側には、天正19年（1591年）に豊臣秀吉が築いた土塁「御土居」の一部が残り、その一帯は紅葉の名所として知られる。樹齢350年から400年の古木をはじめとする約350本の紅葉が赤や黄に色づく頃、夜間のライトアップを実施。また上七軒の舞妓による舞の奉納、北野天神太鼓会の奉納演奏などの催しも多数行われる。朱塗りの太鼓橋「鶯橋」や、茶室の梅交軒に設けた舞台からの眺めは絶景。

京都市上京区馬喰町 ｜ MAP-A ｜ 市バス北野天満宮前停留所からすぐ ｜ 9時〜16時、ライトアップ日没〜20時 ｜ 700円（入苑料、茶菓子付）

1日

亥子祭
いのこさい

護王神社
ごおうじんじゃ

平安時代、亥の月の亥の日、亥の刻に天皇自らが餅をつき、臣下とともに食したという宮中行事・御玄猪（玄猪の式）を再現した亥子祭。宮司が天皇、祭員が殿上人に扮し、5人の奉仕女房と共に本殿と拝殿で神事を行った後、平安衣装を身にまとった一行は御所へと赴き、亥子餅を献上。行列が境内に戻ると、続いて餅つきが行われる。

京都市上京区烏丸通下長者町下ル桜鶴円町385
MAP-A ｜ 地下鉄烏丸線丸太町駅から徒歩7分
17時〜20時30分頃 ｜ 観覧自由（行列参加は志納）

3日

<ruby>曲水<rt>きょくすい</rt></ruby>の<ruby>宴<rt>うたげ</rt></ruby>
<ruby>城南宮<rt>じょうなんぐう</rt></ruby>

春は新緑の中、秋は紅葉が色づき始める城南宮の神苑で行われる、平安貴族の風雅な遊びを再現した行事。神苑内の平安の庭、曲水の遣水（やりみず）のほとりで、平安装束を着た7人の歌人が歌題に合わせて和歌を詠み、遣水を流れる盃を取って酒を汲む。約1時間にわたって王朝の雅な世界が繰り広げられる。

京都市伏見区中島鳥羽離宮町7 ｜ MAP-B
地下鉄烏丸線・近鉄京都線竹田駅から徒歩15分
14時〜 ｜ 観覧自由

3日

明治祭
八坂神社

明治元年、それまでの「祇園社」という呼び名から改名した八坂神社では、明治天皇の生誕日にちなみ、その遺徳を偲び感謝する明治祭が開催される。本殿で神事が斎行されるほか、境内の舞殿前に大太鼓を組み、弥栄雅楽会による舞楽が奉納される。

京都市東山区祇園町北側625 ｜ MAP-A
市バス祇園停留所からすぐ ｜ 9時〜、舞楽
奉納 12時〜 ｜ 観覧自由

3日

お火焚祭
道風神社

平安時代の名書家の一人・小野道風を祀る道風神社は、境内に「和香水（わこうすい）」の名で知られる名水の井戸があるほか、このお火焚祭でも有名。薪で井桁（いげた）を作って縦長に組み上げ、厄年にあたる氏子が火を入れる神事で、この井桁が倒れた方角により、来年の吉凶を占う。

京都市北区杉阪道風町1 ｜ JRバス杉坂口
停留所から徒歩30分 ｜ 19時30分〜
観覧自由

3日

秋まつり
たぬきだにさん ふ どういん
狸谷山不動院

狸谷山不動院の秋まつりでは、修験道の教えに基づくさまざまな祭儀が行われる。会場となる柴灯護摩道場に到着した山伏は、護摩木を伐り出す斧作法、各方角の邪気を払う法弓作法、場内の一切の邪気を払う宝剣作法などに続き、中央護摩壇に点火し法要を行う。願いごとや名前を書いた護摩木を山伏に手渡せば、その場で焚き上げてもらえる。また、本尊の右手にある剣と結ばれた布に触れてお祈りをする「おつながり参拝」もできる。

京都市左京区一乗寺松原町6 | MAP-A
市バス一乗寺下り松町停留所から徒歩15分
10時30分〜 | 入山料 500円

5日〜15日

お十夜
真如堂

お十夜は「この世で十日十夜善いことをすれば、仏国土で千年善いことをしたことに勝る」という『無量寿経』の教えをもとに、5日から15日の毎夜、肩衣を付けた鉦講員が大鉦八丁を打ち鳴らし、阿弥陀仏を唱える。結願の15日にはお練り法要が営まれ、本尊の間際まで近づいて参拝することができる。また、参拝者は十夜粥（有料）をいただくことができる。

京都市左京区浄土寺真如町82 | MAP-A
市バス錦林車庫前停留所・真如堂前停留所から徒歩8分 | 開闢法要 5日5時〜6時頃、法要 6日〜14日18時〜19時頃、結願法要 15日14時〜15時頃、ご閉帳法要 15日17時〜18時頃 | 拝観料500円

第1金曜から3日間

神泉苑大念仏狂言
神泉苑

神泉苑の大念仏狂言は、明治36年（1903年）に神泉苑大念仏講社が結成されて以来続く伝統行事。仏教の妙理や世の道理を、身振り手振りで説いたのが起源とされ、鉦や太鼓、笛の音に合わせて演じる仮面無言劇で、約30番ある演目の中から「土蜘蛛」「桶取」など毎日数番が、順次上演される。

京都市中京区御池通神泉苑町東入 | MAP-A
地下鉄東西線二条城前駅からすぐ | 1日目は18時30分〜21時30分、2・3日目は13時〜17時30分、18時30分〜21時30分 | 観覧料 志納

7日

おひたきさい
御火焚祭
きふねじんじゃ
貴船神社

貴船神社で毎年行われる御火焚祭は、炎から生まれたという貴船大神の故事に基づき、祭神の「生まれかわり・よみがえり」を意味する最も重要な祭儀のひとつ。全国の崇敬者より奉納された約1万本もの御火焚串を組み上げて御火焚竈（がま）にし、火鑽神事によりおこした御神火を点じて焚き上げ、火の霊力によって罪穢を祓い清める。

京都市左京区鞍馬貴船町180 ｜ MAP-E
京都バス貴船停留所から徒歩5分 ｜ 11時〜
観覧自由

8日

火焚祭
_{ひたきさい}

伏見稲荷大社
_{ふしみいなりたいしゃ}

数あるお火焚きのなかでも最大の規模を
誇るのが伏見稲荷大社。10月の抜穂祭で
収穫した稲藁とともに、全国から奉納され
た十数万本の火焚串を一気に焚き上げる。
人々は神様より授かった新穀に感謝を捧
げるとともに、来年の豊作を祈願する。ま
た、夕刻からは本殿前にて御神楽（みかぐら）
が奉納される。

京都市伏見区深草藪之内町68 ｜ MAP-B
JR奈良線稲荷駅からすぐ ｜ 13時〜、御神楽奉納
18時〜 ｜ 参拝自由

9日

お火焚祭
ひ た き さい
由岐神社
ゆ き じんじゃ

10月の「鞍馬の火祭」が有名な由岐神社だが、11月には五穀豊穣への感謝を捧げるお火焚祭が行われる。19時30分、祭の開催を告げるサイレンが鞍馬地域に鳴り響くと、参列する氏子が神社へと集結する。太鼓形の土台に柴を詰めた太鼓柴（たいこしば）と呼ばれる火床に神火を点じ、神事を奉納する。

左京区鞍馬本町1073 ｜ MAP-E
叡山電鉄鞍馬線鞍馬駅から徒歩5分
20時〜 ｜ 観覧自由

10日

若一講社大祭お火焚祭
若一神社

800年の歴史があるとも言われる若一神社のお火焚祭。本殿での祭典の後、本殿西側にある楠社（くすやしろ）に設けられた火床に神火が点ぜられ、火焚神事が斎行される。また、氏子や一般参加者が奉納した護摩木を焚き上げ、祈願成就を願う。なお、参拝者にはぜんざいが無料接待される。

京都市下京区七条御所ノ内本町98
MAP-B｜市バス西大路八条停留所からすぐ
14時〜｜観覧自由

14日

火焚祭
新日吉神宮

新日吉神宮の火焚祭では、秋の収穫・五穀豊穣を感謝してさまざまな行事が行われる。神事に続いて、護摩木が焚き上げられた後、巫女が神楽を奉納する。次に、雅楽に合わせて神楽女は湯に浸した笹を大きく振り回し、人々は飛び散る湯を浴びて無病息災、願望成就を祈願する。なお、護摩壇ではみかんが焼かれ、参拝者にふるまわれる。

京都市東山区妙法院前側町451-1
MAP-B｜市バス東山七条停留所から徒歩
5分｜14時〜｜拝観無料

14日

うるし祭（まつり）
法輪寺（ほうりんじ）

法輪寺の本尊・虚空蔵菩薩は、古来、漆器業や工芸技術を守護するとされる。それにちなみ、うるし祭では漆技術の上達祈願や狂言奉納などを行い、漆器業界の発展を祈る。

京都市西京区嵐山虚空蔵山町16
MAP-D ｜ 阪急嵐山線嵐山駅から徒歩5分
11時〜 ｜ 観覧自由

第2日曜

夕霧祭（ゆうぎりさい）
清凉寺（せいりょうじ）

夕霧祭は昭和35年、菓子匠・井筒八ッ橋本舗の六代目・津田佐兵衛が夕霧の供養のために「夕霧の会」を起こし、その生誕地に近い嵯峨の清凉寺で法要を営んだことに始まる。島原太夫による奉納舞と、禿を従えての本堂からの太夫道中が見所。太夫一行は嵐山もみじ祭に合流し、大堰川のほとりでお茶席や太夫道中が行われる。

京都市右京区嵯峨釈迦堂藤ノ木町46 ｜ MAP-D
JR嵯峨野線嵯峨嵐山駅から徒歩15分
10時頃〜 ｜ 拝観料400円

第2日曜

嵐山もみじ祭
大堰川

渡月橋上流一帯の川面に今様船、平安管弦船などが浮かび、平安絵巻さながらの光景が広がる。また、岸辺では太夫道中や嵯峨大念仏狂言も披露される。

京都市右京区大堰川渡月橋上流 ｜ MAP-D
JR嵯峨野線嵯峨嵐山駅から徒歩15分
10時30分～、13時～（雨天中止） ｜ 観覧自由

第2日曜

空也開山忌
（くうやかいざんき）
光勝寺極楽院
（こうしょうじ ごくらくいん）

空也上人を本尊とし、空也堂の名で知られる光勝寺極楽院。空也上人を偲ぶこの行事では、六斎念仏の起こりとなったとされる歓喜踊躍（かんぎゆやく）念仏などが披露される。

京都市中京区蛸薬師通堀川東入ル亀屋町288｜MAP-A｜市バス堀川蛸薬師停留所からすぐ｜13時〜｜観覧自由

第2日曜

天狗の宴
（てんぐ さかもり）
愛宕念仏寺
（おたぎねんぶつじ）

千二百羅漢で知られる愛宕念仏寺の恒例行事・天狗の宴。法要を終えると、山伏姿の行者が扮した5人の天狗が本堂前にて四方と天に弓を放ち、邪気を祓い清めるとともに、厄払いの御加持を行う。続いて、本堂前では一般参拝者も御加持を受けられ、千観厄除札が授与される。

京都市右京区嵯峨鳥居本深谷町2-5
京都バス愛宕寺前停留所からすぐ
13時〜15時｜拝観料 300円

15日

身代不動尊大祭
みがわりふどうそんたいさい

法住寺
ほうじゅうじ

信者らから奉納された護摩木数万本を焚き上げる採燈大護摩供を行い、参拝者の諸願成就を祈る行事。篠笛・琴による邦楽演奏や詠歌の奉納の後、山伏問答と稚児行列が行われるほか、貪り・瞋り・愚痴の三毒を表す赤鬼・青鬼・黒鬼が踊る、鬼法楽が祭を盛り上げる。

京都市東山区三十三間堂廻り町655 ｜ MAP-B
市バス博物館三十三間堂前停留所から徒歩5分
13時〜 ｜ 観覧自由

15日
伴緒社祭
<small>とものおしゃさい</small>
白峯神宮
<small>しらみねじんぐう</small>

伴緒社の祭神・源為義と鎮西八郎為朝が弓の名手であったことにちなみ、白峯神宮では弓道と武道の上達を祈願する伴緒社祭が行われる。祭儀の後、弓馬術礼法小笠原教場の奉仕による御弓神事、三々九手挟式（さんさんくてばさみしき）が奉納され、矢が的に的中した数だけ数塚（かずづか）に斎串が立てられる。

京都市上京区今出川通堀川東入飛鳥井町261
MAP-A ｜ 市バス堀川今出川停留所からすぐ
11時〜 ｜ 観覧自由

15日
龍馬祭
<small>りょうまさい</small>
京都霊山護國神社
<small>きょうとりょうぜんごこくじんじゃ</small>

坂本龍馬の誕生日であり、また命日でもある11月15日、京都・近江屋で襲撃され幕末の動乱の中で命を落とした坂本龍馬と中岡慎太郎の遺徳を偲び、龍馬祭が行われる。慎太郎の郷里・高知県北川村から贈られた軍鶏（しゃも）を使った軍鶏鍋が調理され、その一番汁が2人の墓前に供えられ、その後参拝者にもふるまわれる。

京都市東山区清閑寺霊山町1 ｜ MAP-A
市バス・京都バス東山安井停留所から徒歩10分
15時30分〜 ｜ 観覧自由

16日

お火焚祭
恵美須神社
（ひたきさい）
（えびすじんじゃ）

兵庫県西宮、大阪今宮神社と並んで日本三大ゑびすと称される恵美須神社で毎年行われるお火焚祭。神事、巫女による神楽舞が奉納された後、御神火が火床に点ぜられ、崇敬者の氏名が書かれた片木（へぎ）を焚き、家内安全・無病息災などを祈願する。続いて湯立神楽が奉納されるほか、参拝者にはその年とれた新米で造られた御神酒「白酒」が振る舞われる。

京都市東山区大和大路通四条下ル小松町125
MAP-A ｜ 京阪本線祇園四条駅から徒歩6分
14時〜 ｜ 観覧自由

23日

ふで　く　よう
筆供養
しょうがくあん
正覚庵

筆塚があり、筆の寺として知られる正覚庵で年に一度行われる筆供養。古い筆で飾られた神輿を中心に、山伏や稚児が東福寺山内を練り歩く。筆塚前では大護摩供が行われ、奉納された古い筆や鉛筆が焚き上げられる。

京都市東山区本町15-808 ｜ MAP-B
京阪本線鳥羽街道駅から徒歩5分
10時～15時 ｜ 観覧自由

23日

数珠供養
じゅ ず く よう

赤山禅院
せきざんぜんいん

「紅葉寺」とも呼ばれる赤山禅院の木々が美しく色づく 23日、千日回峰行を満行した大阿闍梨の祈祷をもって営まれる数珠供養。全国各地から寄せられた傷んだり、使われなくなった数珠を焚き上げ、浄火により供養する。供養をしたい数珠は当日持ち込むこともできる。

京都市左京区修学院開根坊町18 | MAP-A
市バス修学院離宮道停留所から徒歩15分
10時〜 | 観覧自由（各祈祷 有料、供養料 志納）

23日

にいなめさい
新嘗祭
しらみねじんぐう
白峯神宮

スポーツの神様として知られる白峯神宮では、秋の収穫と五穀豊穣に感謝を捧げる新嘗祭が行われる。日供講大祭や献茶式、潜龍大明神祭が行われるほか、夕刻からは御火焚祭が斎行され、家内安全・除災招福など様々な願いの込められた「願い串」が「大祓祝詞」奏上とともに浄火により焚き上げられる。

京都市上京区今出川通堀川東入飛鳥井町261
MAP-A ｜ 市バス堀川今出川停留所からすぐ
新嘗祭 8時30分〜、日供講大祭・献茶式 10時〜、
潜龍大明神祭 14時〜、御火焚祭 18時〜
観覧自由

23日

<ruby>塩竈<rt>しおがまきよめさい</rt></ruby>清祭
<ruby>十輪寺<rt>じゅうりんじ</rt></ruby>

紅葉が最も美しい季節を迎えた十輪寺では、六歌仙の一人・在原業平が、塩焼(平安時代の貴族の野遊びのひとつ)の紫煙で二條后への変わらぬ思いをおくったという故事にちなんだ塩竈清祭が行われる。境内裏山にある塩竈の前で三弦に合わせて読経が行われた後、清めの火が入れられる。また、当日の参加者の中から募った希望者が、塩竈のお清めや火入れ役などを体験できる。

京都市西京区大原野小塩町481 | 阪急バス小塩停留所からすぐ | 13時30分～ | 拝観料 400円

25日

まねきあげ
南座
<small>みなみ ざ</small>

京都の年末の風物詩である歌舞伎興行「吉例顔見世興行」を前に、出演者の名前などが書かれた大看板を南座に掲げる「まねきあげ」。まねきは縦180cm、横30cmのヒノキの看板いっぱいに書き込まれた独特の書体は「勘亭流」と呼ばれ、劇場が大入りになるようにと願いが込められている。なお、2016年より南座は耐震補強工事のため休館中で、2016年の「まねきあげ」および「吉例顔見世興行」は別会場で行われた。

京都市東山区四条大橋東詰 | MAP-A
京阪本線祇園四条駅からすぐ

2007年の吉例顔見世興行より

26日

御茶壺奉献祭・口切式
<small>お ちゃつぼほうけんさい・くちきりしき</small>
北野天満宮
<small>きた の てんまんぐう</small>

天正15年（1587年）、豊臣秀吉自らが茶を点てたという「北野大茶湯」に由来する御茶壺奉献祭・口切式。この祭典では、12月1日に開催されている献茶祭で使用する茶葉が奉納される。一の鳥居から本殿まで、茶摘み娘を先頭とし、白装束姿の男性が唐櫃（からびつ）を運ぶ茶壺行列は祭事の目玉。茶壺が神前に供えられた後、その封を切って茶葉を取り出し奉献する、口切式が執り行われる。

京都市上京区馬喰町 | MAP-A | 市バス
北野天満宮前停留所からすぐ | 行列出発
10時45分～、祭典 11時～ | 観覧自由

下旬～12月上旬の約2週間

小町祭
（こまちまつり）
隨心院
（ずいしんいん）

小野小町が晩年を過ごしたと伝えられる隨心院の秋の恒例行事。期間中、鮮やかな紅葉が美しい庭がライトアップされ、夜間の特別拝観が実施されるほか、23日にはミス小野小町コンテストが開催、最終日には小町忌美心祈願法会が営まれ、小野小町に扮した十二単姿の女性2人が登場する。

京都市山科区小野御霊町35 ｜ 地下鉄東西線小野駅から徒歩5分 ｜ 夜間特別拝観 18時～21時、コンテスト 23日13時30分～、小町忌 最終日14時～ ｜ 拝観料 500円、夜の特別拝観 600円

293

November

ANOTHER EVENT　11月 その他の行事

1日～10日	祇園をどり（ぎおん）	祇園会館（ぎおんかいかん）
1日～最終日曜	高雄もみじのライトアップ（たかお）	高雄一帯（たかおいったい）
1日～30日	嵯峨菊展（さがぎくてん）	大覚寺（だいかくじ）
立冬の日	更衣祭（こういさい）	平安神宮（へいあんじんぐう）
最初の上卯の日	上卯祭（じょううさい）	松尾大社（まつのおたいしゃ）
第2日曜	長岡京ガラシャ祭（ながおかきょう）	勝竜寺城公園（しょうりゅうじじょうこうえん）
10月中旬～12月上旬	秋の特別公開（あきとくべつこうかい）	圓徳院（えんとくいん）
第3土曜～第4日曜	窯元もみじまつり（かまもと）	泉涌寺～東福寺（せんにゅうじ～とうふくじ）
21日	開山忌（かいざんき）	一休寺（いっきゅうじ）
23日	火焚祭（ひたきさい）	車折神社（くるまざきじんじゃ）
23日	もみじ祭り	地主神社（じしゅじんじゃ）
23日	久寿扇祈願会と紅葉祭り（くすおうぎきがんえもみじまつり）	長楽寺（ちょうらくじ）
23日～25日	献菓展（けんかてん）	平安神宮（へいあんじんぐう）
25日	濡髪大明神大祭（ぬれがみだいみょうじんたいさい）	知恩院（ちおんいん）

etc.

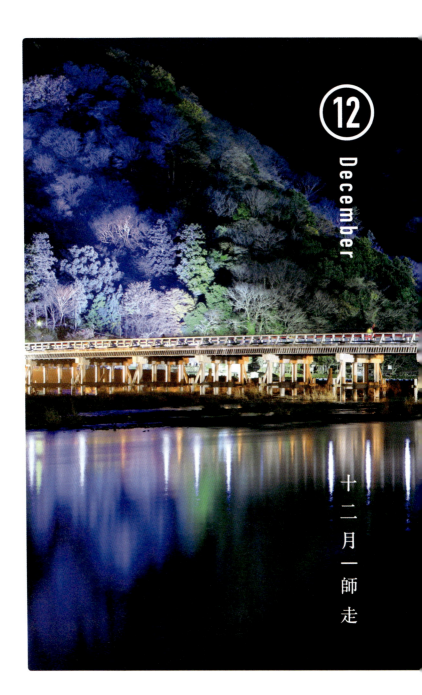

⑫

December

十二月一師走

EVENT CALENDER イベントカレンダー

	1	2	3	4	5	6	7	8	9	10	11	12	13	14
献茶祭〈北野天満宮〉	○													
御会式・厄落としの大根焚き〈三寳寺〉			第1土・日曜											
釈尊成道会・大根だき〈妙満寺〉							8日に近い土曜または日曜							
報恩講・大根焚き〈了徳寺〉									○→					
花街総見〈南座〉		初旬												
嵐山花灯路〈二尊院～法輪寺〉			上旬～中旬											
花街の事始め〈五花街〉												○		
京料理展示大会〈京都市勧業館みやこめっせ〉												○→		
大福梅の授与〈北野天満宮〉												○—		
山科義士まつり〈山科区内各所〉													○	
義士会法要〈法住寺〉														○

	1	2	3	4	5	6	7	8	9	10	11	12	13	14

15 16 17 18 19 20 21 22 23 24 25 26 27 28 29 30 31

○ 御身拭式〈知恩寺〉

○ 終い弘法〈東寺〉

冬至の日 南瓜大師供養〈不思議不動院〉

○ かぼちゃ供養〈矢田寺〉

○ つなかけ祭〈新熊野神社〉

○ 終い天神〈北野天満宮〉

○ 御身拭式〈知恩院〉

除夜の鐘試し撞き〈知恩院〉 ○

鑽火祭〈北野天満宮〉 ○

鳴釜神事〈西院春日神社〉 ○

歳徳神方違え式〈神泉苑〉 ○

開運水行祈祷会〈善行院〉 ○

除夜の鐘〈各寺院〉 ○

をけら詣り〈八坂神社〉 ○→

15 16 17 18 19 20 21 22 23 24 25 26 27 28 29 30 31

1日

けんちゃさい
献茶祭
きた の てんまんぐう
北野天満宮

天正15年（1587年）、豊臣秀吉が催した北野大茶湯にちなむ行事。11月に行われた御茶壺奉献祭・口切式で奉納されたお茶が神前に献上された後、境内の茶室・明月舎や上七軒に茶席が設けられる。

京都市上京区馬喰町 ｜ MAP-A ｜ 市バス北野天満宮前停留所からすぐ ｜ 10時〜茶券 5,000円

第**1**土・日曜

お えしき やく お だいこん だ
御会式・厄落としの大根焚き
さんぼうじ
三寳寺

毎年12月の第1日曜日、日蓮大聖人を偲ぶ御会式が行われ、報恩法要と日蓮大聖人・日朗上人・日像上人の真骨が御開帳される。この日とその前日、参拝者には日蓮宗秘法で祈祷をうけた「厄落としの大根焚き」がふるまわれる。また、日蓮大聖人が冷えた身体を温める良薬として「ゆず」を珍重したことにちなみ、オリジナルのゆず御飯の接待も人気。本堂では献茶式も行われる。

京都市右京区鳴滝松本町32 ｜ MAP-D ｜ JRバス三宝寺停留所から徒歩5分（当日は福王子交差点より無料送迎バスあり）｜10時〜15時（大根焚きは両日、御会式は日曜のみ）｜ 観覧自由（大根焚き 700円、ゆず御飯 800円）

8日に近い土曜または日曜

釈尊成道会・大根だき
妙満寺

豊臣秀吉の時代より400年、「寺町二条の妙満寺」と慕われ、岩倉に移転した現在も枯山水式庭園「雪の庭」などで知られる妙満寺の大根だき。寒空の下、温かい大根をいただいて、諸病除けを祈願する。

京都市左京区岩倉幡枝町91 | MAP-E | 京都バス幡枝（妙満寺）停留所からすぐ | 釈尊成道会14時〜、大根だき11時〜14時（無くなり次第終了） | 大根だき1,000円（祈願・拝観料込）

9日・10日

報恩講・大根焚き
了徳寺

親鸞聖人が了徳寺に立ち寄った際、付近の住民が塩大根を焚いてもてなしたという逸話に由来し、「大根焚寺」の異名をもつ了徳寺。報恩講の御斎として大根が焚かれるようになり、約3000本の篠大根が1万人にふるまわれる。本堂の親鸞聖人像には、塩味の大根焚きが供えられるが、参拝客には油揚げと一緒に醤油で味付けされた大根が提供される。

京都市右京区鳴滝本町83 | MAP-D
市バス鳴滝本町停留所から徒歩3分
9時〜16時（法要・法話11時〜）
観覧自由、御斎1,000円〜

December

初旬

花街総見
（かがいそうけん）

南座
（みなみざ）

京都・南座で上演される吉例顔見世興行を京都五花街の芸舞妓が鑑賞する恒例行事・花街総見。舞や芸事の勉強のために、各花街が日替わりで観覧する。舞妓は「まねき」を模したかんざしを挿し、役者の名前を書き入れてもらう。なお、2016年より南座は耐震補強工事のため休館中で、2016年の「吉例顔見世興行」は別会場で行われた。

京都市東山区四条大橋東詰 ｜ MAP-A ｜ 京阪本線祇園四条駅からすぐ

2009年の吉例顔見世興行より

上 旬〜中旬

嵐山花灯路
二尊院〜法輪寺

京都の夜の新たな風物詩として東山地域で開始され、平成17年より嵯峨・嵐山地域でも始められたライトアップイベント。水辺や竹林を含む自然景観や歴史的文化遺産などを生かし、LED電球を使用した露地行灯によるあたたかみのある演出で、日本の情趣溢れる散策路が楽しめる。

京都市右京区・西京区 ｜ MAP-D ｜ JR山陰本線嵯峨嵐山駅、京福嵐山本線嵐山駅、阪急嵐山線嵐山駅下車 ｜ ライトアップ 17時〜20時30分
散策自由（拝観料などは別途）

13日

花街の事始め
五花街

五花街の芸舞妓らが普段からお世話になっている芸事の師匠やお茶屋を訪ね、1年間のお礼と新年に向けた挨拶をする伝統行事で、特にお世話になっているところには鏡餅を事前に届けることもある。祇園甲部の芸舞妓が京舞井上流家元を訪ね、直々に舞扇をいただく光景は冬の風物詩となっている。花街では、この日から正月の準備に入る。

京都市の各花街 ｜ MAP-C
開催時間は各花街により異なる

13日・14日
京料理展示大会
京都市勧業館みやこめっせ

明治19年（1886年）に初めて開催されて以来、100年以上続く京料理の祭典。500人以上の料理人が一堂に会し、その技術を披露する。有職料理の生間（いかま）流式庖丁の実演や有名料亭のお弁当がいただけるコーナーなど、充実したイベント内容が人気。

京都市左京区岡崎成勝寺町9-1 ｜ MAP-A
地下鉄東西線東山駅から徒歩8分 ｜ 10時
〜16時 ｜ 前売券600円、当日券800円

13日〜25日
大福梅の授与
北野天満宮

京都の正月に欠かせない縁起物のひとつが、北野天満宮で授与される大福梅。村上天皇の時代から続くといわれる伝統行事で、毎年13日から25日の終い天神頃まで授与されるが、なくなり次第終了。そのため、初日に大福梅を求める長蛇の列は、師走の風物詩のひとつになっている。元日の朝、祝膳の初茶としてこの大福梅を入れた大福茶を飲むことで疫病や邪気を祓い、一年を健康に過ごせるよう祈る。

京都市上京区馬喰町 ｜ MAP-A ｜ 市バス北野天満宮前停留所からすぐ ｜ 9時〜17時 ｜ 大福梅700円

14日

山科義士まつり
山科区内各所

赤穂の義士たちを偲ぶとともに、山科の街を盛り上げる事業として昭和49年に始まった山科義士まつり。討ち入り装束をまとった総勢300人の行列が毘沙門堂を出発し、忠臣蔵ゆかりの地をめぐるほか、東部文化会館で披露される芝居や幼稚園児による大人顔負けの歌舞伎、女性陣による大石音頭や元禄花見踊りなど、さまざまな催しが行われる。

京都市山科区一帯 ｜ JR東海道本線・地下鉄東西線山科駅から 徒歩20分（毘沙門堂）｜ 行列 10時〜、東部文化会館の舞台 11時45分頃〜
観覧自由

14日

義士会法要
法住寺

大石内蔵助が討ち入り成功を祈願したとされ、赤穂浪士ゆかりの寺として知られる法住寺。義士会法要では太夫道中や舞妓による献茶式などが行われ、四十七士たちを偲ぶ。

京都市東山区三十三間堂廻り町655
MAP-B ｜ 市バス博物館三十三間堂前停留所
から徒歩5分 ｜ 10時30分〜 ｜ 参加料 1,500円
（討ち入りそば・茶席、護摩木1本付）

15日

御身拭式
（おみぬぐいしき）

知恩寺
（ちおんじ）

毎月15日の「百万遍さんの手づくり市」で賑わう知恩寺では、歳末の15日に御身拭式が行われる。宗祖・法然上人の遺徳を偲び、御影堂に安置されている法然上人像が清められ、法要が営まれる。

京都市左京区田中門前町103 ｜ MAP-A
市バス百萬遍停留所からすぐ ｜ 13時〜
観覧自由

21日

終い弘法
東寺

弘法市のなかでも12月に催される市は「終い弘法」と呼ばれ、大きな賑いを見せる。この日は1000軒以上の出店があり、境内に骨董屋、古着屋、植木屋などが軒を連ねる中、新春用の数の子や乾物、来年のカレンダーなど、正月用品を売る店があるのも終い弘法ならではの風景。植木市は特に有名で、新春の玄関先を飾るための葉牡丹などが並ぶ。

京都市南区九条1 ｜ MAP-B ｜ 近鉄京都線近鉄東寺駅から徒歩10分 ｜ 8時〜16時
観覧自由（金堂・講堂 500円）

冬至の日

南瓜大師供養
不思議不動院

かぼちゃのお下がりをいただき、無病息災を祈願する、冬の恒例行事。境内の弘法大師像に供えられた多数のかぼちゃが信徒によって大釜で煮込まれ、参拝客にふるまわれる。

京都市北区衣笠赤阪町1-1 ｜ MAP-A
市バス金閣寺前停留所から徒歩12分
10時〜（無くなり次第終了）
一椀（護摩木付）500円

23日

かぼちゃ供養
矢田寺（やたでら）

大きく成長し、置き場がなくなったカボチャ
を引き取ったことに始まった矢田寺のかぼ
ちゃ供養。古来、冬至の日にかぼちゃを食
べると、中風除けや諸病退散に効くと信じ
られており、参拝者は本堂前に供えられた
巨大かぼちゃを撫でて一年の無病息災を祈
願する。また、先着1000名には甘辛く炊
いたかぼちゃの無料接待がある。

京都市中京区寺町通三条上ル天性寺前町523
MAP-A ｜ 地下鉄市役所前駅停留所から徒歩3分
10時〜 ｜ 観覧自由

23日

つなかけ祭
新熊野神社（いまくま の じんじゃ）

新熊野神社の「影向の大樟（ようごうのおおくすのき）」は創建時に紀州熊野より運ばれたものと伝わり、推定樹齢は900年。この大樟に新年の注連縄を張る祭りが「つなかけ祭」で、祈祷を受けた注連縄を小忌衣（おみごろも）姿の参拝者が掛け声とともに大樟にくくり付ける。

京都市東山区今熊野椥ノ森町42 ｜ MAP-B
市バス今熊野停留所から徒歩3分 ｜ 11時～
観覧自由

25日

終い天神（しま てんじん）
北野天満宮（きた の てんまんぐう）

終い天神は例年15万人もの人出で、露店の並ぶ境内は早朝から賑わい、夜遅くまで人の波が途切れることはない。正月直前の市とあって、注連飾りや松飾り、新巻鮭を求める人の姿も目立つ。境内の楼門には早くも来年の干支の大絵馬が掲げられ、迎春用の祝箸や屠蘇の授与が行われるほか、21時からは本殿で祭典が斎行され、年越しムード一色に染まる。

京都市上京区馬喰町 ｜ MAP-A ｜ 市バス
北野天満宮前停留所からすぐ ｜ 早朝～夕刻
観覧自由

25日

御身拭式
おみぬぐいしき
知恩院
ちおんいん

知恩院で行われる師走の風物詩といえば、法然上人の徳を慕い、その御尊像の一年の汚れを清める「御身拭式」。法然上人の月命日にちなんで毎年12月25日に行われ、300年以上の歴史がある。13時から約800人の僧侶と参列者らが念仏を唱和し、念仏と木魚を叩く音だけが響きわたる中、法然上人御堂内宮殿に安置されている御尊像を運び出し、御門跡が羽二重を使って御尊像を拭い清める。なお、国宝の御影堂（写真）は改修中のため、現在は法然上人御堂で行われている。

京都市東山区林下町400 ｜ MAP-A
市バス知恩院前停留所から徒歩5分 ｜ 13時〜
観覧自由

27日

除夜の鐘試し撞き
知恩院

大晦日を控えた27日、日本最大級の梵鐘を有する知恩院では除夜の鐘の試し撞きが行われる。親綱1人、子綱16人の僧侶が「えーいひとつ」「そーれ」と掛け声を上げながら身体全体を使って鐘を撞き、美しい音を響かせて除夜に備える。

京都市東山区林下町400 ｜ MAP-A
市バス知恩院前停留所から徒歩5分
14時〜 ｜ 観覧自由

31日
鑽火祭
きりびさい
北野天満宮
きたのてんまんぐう

新年を清々しく迎えるため、「大祓（おおはらえ）」や「除夜祭（じょやさい）」など、大晦日にさまざまな行事が行われる北野天満宮では、雷電・火難・五穀の守護である摂社・火之御子社（ひのみこしゃ）で、火打石を使って新しい火をきり出す「鑽火祭」が斎行される。この浄火を移した火縄が授与され、この火を元旦の食事の調理につかうと、一年が無病息災で過ごせると伝えられる。

京都市上京区馬喰町 ｜ MAP-A ｜ 市バス北野天満宮前停留所からすぐ ｜ 19時30分〜 観覧自由

31日
鳴釜神事
めいどうしんじ
西院春日神社
さいいんかすがじんじゃ

不浄や悪病を祓い清めて新しい年を迎える為に行われるもので、湯を煮立たせた釜の上に桶をのせ、新米を桶に入れて祈願する神事。新米を桶に入れて炊くと、春日大神の神力でうなるように鳴るとされ、かつては非公開で行われていた。

京都市右京区西院春日町61 ｜ MAP-A 阪急京都線西院駅から徒歩3分 ｜ 21時〜 観覧自由

31日

歳徳神方違え式
神泉苑

神泉苑のある恵方社は、恵方（その年の幸運の方角）を礼拝する可動式の社で、毎年方角を変えて祀られる日本唯一のもの。陰陽道にもとづいて決められた新年の恵方に向けて回転させ、般若心経を唱えて法要をする。

京都市中京区御池通神泉苑町東入
MAP-A｜市バス神泉苑前停留所からすぐ
22時30分〜｜観覧自由

31日

開運水行祈祷会
善行院

日蓮宗の大本山・妙顕寺の塔頭（たっちゅう）である善行院の年越しは、身を切るような寒さの中で行われる開運水行祈祷会が恒例行事。あと数分で年が明けるといった頃より、水をかぶって心身を清め、新年を穢れなく過ごせるよう祈願する。この水行には一般参拝者も参加でき、男子はふんどし、女子は白装束姿で行う。

京都市上京区妙顕寺前町514｜MAP-A
市バス堀川寺ノ内停留所から徒歩5分
年明けの直前〜｜観覧自由

31日

除夜の鐘
各寺院

京都の一年を締めくくる大晦日の風物詩・除夜の鐘。試し撞きで知られる知恩院をはじめ、豊臣秀吉ゆかりの大きな銅鐘・国家安康の鐘を有する方広寺（写真）など、新年を前に108つ響く鐘の音で煩悩を打ち払う。方広寺の除夜の鐘のように、参拝者が鐘を撞くことができる寺院も多くあるので、参拝前に確認するといい。

京都市内の各寺院 ｜ MAP-B（方広寺）
各寺院により異なる ｜ 年明け前 ｜ 観覧自由

31日・1日

をけら詣り
八坂神社

をけら詣りとは八坂神社で元旦に行われる「白朮祭（をけらさい）」に向けた一連の祭事のひとつ。28日の鑽火式にて、古式にのっとって火鑽杵と火鑽臼を用いて起こした「をけら火」を参拝者は「吉兆縄」に移し、家に持ち帰る。持ち帰った火は新年の健康を祈って、神棚の灯明にともしたり、雑煮を焚く火種にしたりするのが習わしで、燃え残った火縄を捨てず台所にお祀りすると「火伏のお守り」になるとされる。

京都市東山区祇園町北側625 ｜ MAP-A
市バス祇園停留所からすぐ ｜ 19時30分頃〜
元日の早朝 ｜ 観覧自由

ANOTHER EVENT　12月 その他の行事

第1日曜	しまい大国祭	地主神社
7日・8日	成道会・大根焚き	千本釈迦堂大報恩寺
8日	終薬師	蛸薬師堂
8日	針供養	法輪寺
10日	終い金比羅	安井金比羅宮
上旬	鯉あげ	広沢池
12日	今年の漢字	清水寺
13日	煤払い	萬福寺
13日～31日	空也踊躍念仏	六波羅蜜寺
14日	義士供養	西方寺
14日	義士供養	本妙寺
18日	しまい観音	一言寺
23日	小野篁忌	千本ゑんま堂引接寺
23・24日	納めの地蔵と大根焚き	鈴虫寺

etc.

MAP and INDEX

主要地図・さくいん

MAP (A) 洛中

番号	場所名	掲載ページ
❶	赤山禅院	133,237,289
❷	上賀茂神社	30,31,38,44,69,74,77, 86,94,102,121,122,124, 126,150,160,219,220,2 23,259
❸	常照寺	106
❹	湧泉寺	35,203

番号	場所名	掲載ページ
❺	松ヶ崎大黒天	72
❻	鷺森神社	132
❼	今宮神社	106
❽	八大神社	85,100,132,213,242
❾	狸谷山不動院	50,186,276
❿	不思議不動院	307
⓫	建勲神社	254

番号	場所名	掲載ページ
⑫	上善寺	209
⑬	下鴨神社	19,27,43,65,83,121, 122,123,125,126,150, 154,184,193,204,219, 229,235,251
⑭	わら天神宮	100
⑮	御霊神社（上御霊神社）	140
⑯	糺の森（下鴨神社）	199
⑰	善行院	313
⑱	千本ゑんま堂引接寺	57,112,129,177,195
⑲	宝鏡寺	82,248
⑳	千本釈迦堂大報恩寺	196,94,60
㉑	白峯神宮	179,286,290
㉒	平野神社	104,223,227,242
㉓	干菜山光福寺	208
㉔	北野天満宮	24,28,74,158,182,240, 267,272,292,298,303, 309,312
㉕	知恩寺	113,272,306
㉖	北白川天神宮	34,244
㉗	晴明神社	233
㉘	吉田神社	59,135,161,266
㉙	法然院	101
㉚	廬山寺	63
㉛	京都御所	126
㉜	梨木神社	230
㉝	護王神社	273
㉞	安楽寺	185
㉟	真如堂	185,277
㊱	聖護院	37
㊲	白雲神社	156
㊳	須賀神社	57
㊴	下御霊神社	142
㊵	平安神宮	22,108,153,260
㊶	一之船入	234
㊷	京都市勧業館みやこめっせ	303

番号	場所名	掲載ページ
㊸	妙雲院	66,183
㊹	京都市役所	167
㊺	神泉苑	131,277,313
㊻	本能寺	225
㊼	矢田寺	308
㊽	粟田神社	243
㊾	京都誓願寺	247
㊿	日向大神宮	20,62,196
51	西院春日神社	33,113,247,312
52	光勝寺極楽院	284
53	誠心院	93
54	青蓮院門跡	89,314
55	巽橋	151
56	知恩院	111,310,311
57	壬生寺	58,197
58	四条大橋	168
59	八坂神社	18,155,168,169,172, 173,275,315
60	長刀鉾町	167
61	南座	292,300
62	八坂神社御旅所	172,173,169
63	高台寺	222,241
64	菅大臣神社	136
65	安井金比羅宮	232,241
66	恵美須神社	36,234,287
67	京都霊山護國神社	201,286
68	六道珍皇寺	194
69	金剛寺	51
70	六波羅蜜寺	20,62,196
71	阿含宗総本山境内地	71
72	地主神社	23,107
73	五条坂	193
74	上徳寺	67
75	清水寺	89,90
76	市比賣神社	65,82,136

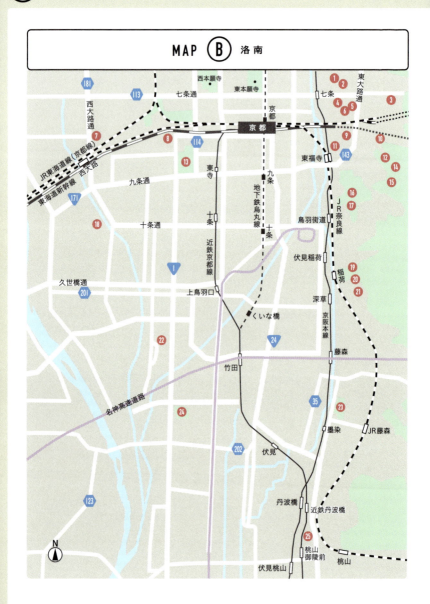

MAP B 洛南

番号	場所名	掲載ページ
❶	方広寺	314
❷	豊国神社	230
❸	新日吉神宮	137,281
❹	三十三間堂	40,41,84
❺	養源院	231
❻	法住寺	40,61,249,285,305
❼	若一神社	281
❽	六孫王神社	245
❾	新熊野神社	35,309
❿	劍神社	72
⓫	瀧尾神社	235
⓬	即成院	257
⓭	東寺	26,37,49,307
⓮	今熊野観音寺	232

番号	場所名	掲載ページ
⓯	泉涌寺	203
⓰	東福寺	91
⓱	正覚庵	288
⓲	吉祥院天満宮	250
⓳	伏見稲荷大社	21,29,38,66,93,105, 153,187,265,279
⓴	ぬりこべ地蔵	149
㉑	石峰寺	222
㉒	浄善寺	209
㉓	藤森神社	45,63,130
㉔	城南宮	29,47,70,114,176, 181,256,274
㉕	御香宮神社	77,186,246

MAP Ⓒ 京都五花街

番号	場所名	掲載ページ
❶	上七軒	
❷	先斗町	
❸	祇園東	33,161,192,302
❹	祇園甲部	
❺	宮川町	

MAP Ⓓ 嵐山

番号	場所名	掲載ページ
❶	平岡八幡宮	42,250
❷	三寶寺	183,299
❸	了徳寺	299
❹	蓮華寺	182
❺	大覚寺	109,208,228
❻	あだし野念仏寺	210
❼	薬師寺	212
❽	清凉寺	92,282
❾	妙心寺	157
❿	二尊院	301

番号	場所名	掲載ページ
⓫	源光寺	209
⓬	野宮神社	159,258
⓭	車折神社	202,221
⓮	京都府立嵐山公園	154,206
⓯	大堰川	141,177,231,283
⓰	西光寺	49
⓱	法輪寺	68,88,221,251,282
⓲	梅宮大社	70,87
⓳	松尾大社	64,103,115,139,178,
		181,218

MAP Ⓔ 鞍馬・大原

番号	場所名	掲載ページ
❶	貴船神社	32,87,148,160,178,278
❷	勝林院	26
❸	鞍馬寺	138,157
❹	三千院	67,76,143,200
❺	来迎院	24
❻	由岐神社	253,262,280
❼	江文神社	218

番号	場所名	掲載ページ
❽	八瀬天満宮社	48,75
❾	石座神社	263
❿	木野愛宕神社	263
⓫	妙満寺	299
⓬	三宅八幡宮	225
⓭	御蔭神社	125

星野 佑佳（ほしの ゆか）

京都市生まれの女性写真家・フォトエッセイスト。同志社大学法学部卒業。
2000年から海外や日本全国を旅しながら、自然風景などの撮影を始める。
2005年からは地元である京都の風景や祭・風物詩の撮影も手掛けている。
著書にフォトエッセイ集『撮り旅』(風景写真出版)がある。

京都発 地球のうえ http://www5d.biglobe.ne.jp/~yuka0225/

装訂　瀧澤 弘樹
地図提供　ひでみ企画

京の祭と行事365日

2018年1月11日　初版発行
2025年5月27日　2版発行

編　者　淡交社編集局
発行者　伊住公一朗
発行所　株式会社 淡交社
　　　　本 社　〒603-8588 京都市北区堀川通鞍馬口上ル
　　　　営 業　075-432-5156　編 集　075-432-5161
　　　　支 社　〒162-0061 東京都新宿区市谷柳町39-1
　　　　営 業　03-5269-7941　編 集　03-5269-1691
　　　　www.tankosha.co.jp
印刷・製本　TOPPANクロレ株式会社